이만큼
가까운

프랑스

이만큼 가까운

≫

프랑스

박단 지음

창비

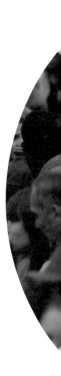

지구가 갈수록 작아지고 있습니다. 당연히 지구의 크기는 예나 지금이나 그대로지만 멀게만 느껴지던 이국 땅이 갈수록 가깝게 느껴집니다. 흔히 말하는 지구화 시대, 세계화 시대입니다. 이런 흐름은 앞으로 더욱 빠르게 진행될 것이고, 인류사에 유례가 없이 사람들은 서로 가까이 오가며 지내게 될 것입니다. 그 과정에서 문화도 섞이게 되겠지요.

흔히 이런 지구화 시대에는 외국어를 할 수 있는 능력이 중요하다고 말하지만, 외국어보다 중요한 것이 다문화 감수성입니다. 문화의 소통이 빠진 언어의 소통은 진정한 소통이 아닙니다. 자기 문화를 기준으로 다른 문화를 바라보거나 오해와 편견으로 평가하지 않는 것, 다른 문화를 다른 그대로 이해하고 존중하는 것은 다문화 감수성의 출발이자 진정한 문화적 소통의 길입니다.

다문화 감수성은 해외여행을 자주 하거나 세계를 무대로 활동할 사람에게나 필요한 것이라고 생각할지 모르겠습니다. 다문화 감수성은 우리가 세계인으로 살아가는 데 필요한 문화적 여권이기도 하지만, 세계화 시대에 한국인으로 살기 위해 필요한 문화적 주민 등록증이기도 합니다.

앞으로 많은 외국인이 들어와서 우리나라 국민이 될 것이고, 그런 가운데 한국은 과거에는 상상도 못 했을 정도로 빠르게 다

인종·다문화 사회로 바뀌게 될 것입니다. 우리는 한국인이자 세계인이라는 다층의 정체성을 갖고서, 내 나라만이 아니라 이 지구를 더 평화롭고 자유롭고 정의로운 곳으로 만들어 가야 합니다. 인종과 종교, 역사와 체제가 다르더라도 서로 존중하면서, 차별하거나 억압하지 않는 아름다운 곳으로 만들어 가야 합니다.

창비가 세계화 시대를 살아갈 동시대의 사람들, 그리고 특히 미래 세대를 위해 이 시리즈를 만든 뜻이 여기에 있습니다. 오랫동안 세계 각국의 정치, 역사, 문화, 문학 등을 연구해 온, 우리나라를 대표하는 저명 학자들이 이 시리즈 집필에 기꺼이 동참한 것도 많은 이들이 그러한 꿈을 꿀 수 있도록 응원하기 위해서입니다.

이 시리즈에는 역사와 정치, 경제부터 문화와 생활에 이르기까지 한 국가와 사람을 이해하는 데 가장 핵심적인 내용을 담았습니다. 세계 각국을 다룬 다른 책과 차별되는 깊이를 추구하면서도 다양한 독자층이 이해하기 쉽도록 눈높이를 맞추었습니다. 이 시리즈가 세계와 더 넓고 깊게 소통하기 위한 의미 있는 디딤돌이 되기를 기대합니다.

저자 일동

　　30년 전 소련과의 수교가 없어 19시간 동안이나 비행기를 타고 파리에 도착했던 일이 불현듯 생각납니다. 한국에서 유학을 준비하며 만날 수 있었던 프랑스인이라고는 신부님 한 분이 전부였던 시절이었지요. 2017년 2학기 현재, 제가 일하는 학교에는 프랑스에서 온 교환 학생이 70명이 넘고, 심지어 프랑스 역사를 가르치는 제 수업에도 프랑스 학생이 앉아 있습니다. 격세지감이 아닐 수 없습니다. 저의 유학 생활 초기를 생각하면, '이만큼 가까운 프랑스'가 되었다는 게 놀랍기만 합니다.

　최근 한 뉴스에서 우리나라 사람들이 가장 가 보고 싶어 하는 도시로 파리가 꼽혔다는 기사를 봤습니다. 파리, 그리고 프랑스! 저 또한 어릴 적부터 막연하게나마 동경했던 도시이고 나라입니다. 프랑스 하면 여러분은 무엇이 가장 먼저 떠오르십니까? 프랑스 혁명, 나폴레옹, 루브르 박물관, 에펠탑, 포도주, 치즈……. 아마 끝도 없이 이야기할 수 있을 것 같습니다. 나이 드신 분들에게는 영화배우 알랭 들롱으로, 축구를 좋아하는 젊은이에게는 지단이나 앙리로 기억되는 나라이기도 하겠네요. 가장 최근에는 39세의 나이로 대통령이 된 에마뉘엘 마크롱, 민족전선의 마린 르펜 등도 알려진 인물일 겁니다.

　여러분이 가장 관심을 두고 있는 프랑스는 이 중에 어떤 모습인가요? 프랑스의 일부분에 대해 상식 이상의 지식을 가진 사람은 많겠지만, 그렇다고 해도 프랑스라는 나라를 잘 안다고 말하기는 어려울 것 같습니다. 프랑스는 아주 다양한 얼굴을 가진 나라이니까요. 이 책은 사회, 역사, 지리, 정치·경제, 문화 그리고 한불 관계 등 다양한 프랑스 이야기를 담고 있습니다. 프랑스 혁명처럼 익히 알려진 내용부터 파리 테러와 민족전선 같은 최신의 이야기까지 균형 있게 소개하려고 노력했습니다.

현재의 사건들을 설명할 때는 가능한 한 역사적 사실을 함께 소개하며 사건의 맥락과 의미를 보여 주고자 했습니다. 역사학 전공자로서, 평소 역사를 공부하는 이유가 현재를 더 깊이 있게 이해하기 위함이라고 생각했기 때문입니다. 사실 저는 프랑스 역사를 전공한 사람인지라, 역사 이외의 분야에 대해 쓰는 일은 부담스러울 뿐 아니라 쉽지도 않았습니다. 그럼에도 책을 쓰겠다는 용기를 낼 수 있었던 것은 프랑스에 머물며 프랑스 친구들과 교류하고, 프랑스를 여행하며 많은 경험을 얻은 덕분입니다. 또한 「프랑스 역사」「프랑스 문화 산책」 등의 강의를 진행하며 쌓인 지식들이 있었기에 프랑스에 관한 여러 이야기를 이 책에 녹여낼 수 있었습니다. 그럼에도 불구하고, 책에서 다루는 내용이 다양하기에 각 분야의 전문가들이 볼 때 부족한 점이 있을 것이라 생각합니다. 이는 모두 저의 한계이자 책임이 될 것입니다.

　이 자그마한 책을 쓰는 데에도 여러 사람의 도움을 많이 받았습니다. 특히 역사 부분에서 프랑스 혁명 이전 부분은 저의 아내인 신행선 박사의 도움이 컸습니다. 함께 유학 생활을 하고, 프랑스에 관한 이야기를 나누며 지낸 세월이 어느덧 30년이 다 되었네요. 이 자리를 빌려 각별히 고맙다는 표현을 하고 싶습니다. 또한 창비 편집부에도 감사의 말씀을 전합니다. 막히는 구석마다 여기저기서 많은 자료를 찾아 제공해 주고 제안해 주셔서 쉽게 난관을 헤쳐 나갈 수 있었습니다. 이 밖에도 책을 쓰는 데 참고할 수 있게 좋은 글을 써 주신 프랑스 전공 선생님들께 감사드립니다. 일일이 각주나 참고 문헌을 달지 못한 점에 대해 양해 바랍니다. 감사합니다.

2017년 9월
서강대학교 연구실에서
박 단

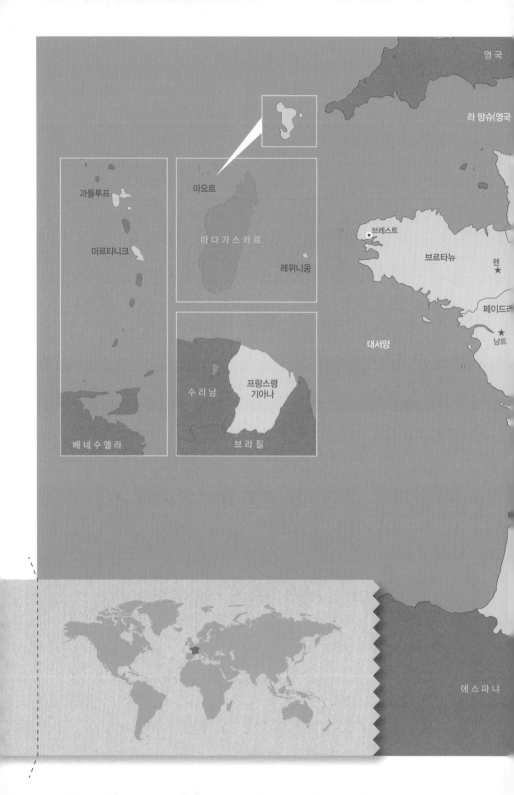

영국

라 망슈(영국)

과들루프

마르티니크

베네수엘라

마요트

마다가스카르

레위니옹

수리남

프랑스령
기아나

브라질

브레스트

브르타뉴

렌
★

페이드르

★
낭트

대서양

에스파냐

됭케르크

릴 ★

벨기에

독일

오드프랑스

푸르미

룩셈
부르크

페캉

브르 루앙 ★

랭스

망디

베르사유 ■ 파리

일드프랑스

그랑테스트

스트라스부르 ★

오를레앙 ★

상트르발드루아르

디종 ★ 브장송

부르고뉴프랑슈콩테

스위스

비시

누벨아키텐

리옹 ★

생테티엔

그르노블

오베르뉴론알프

이탈리아

옥시타니

아비뇽

툴루즈 ★

몽펠리에

프로방스알프코트다쥐르

니스 망통

칸 모나코

마르세유

지중해

코르스

아작시오 ★

■ 수도 ★ 중심 도시 ○ 주요 도시

차례

03

04

시험대에 오른

*01 »

자유·평등· 우애

사회적 공화국

기회의 평등과 연대주의

　　프랑스는 어떤 나라일까요? 프랑스 헌법 제1조 1항에 따르면, '프랑스는 분리될 수 없는, 종교 중립적인, 민주적인 그리고 사회적인 공화국'입니다. 한 구절 한 구절 다 역사성을 띠고 있기 때문에 한마디로 설명하기는 쉽지 않습니다. '분리될 수 없는 공화국'은 프랑스가 국가 내 소수 세력을 인정하지 않는다는 데서 익히 나타나 있습니다. 프랑스는 나라 안에 다양한 소수 세력의 공존을 지향하는 다문화주의 정책을 받아들이지 않습니다. 공화주의 아래에서 하나의 프랑스를 지향하지요. '종교 중립적 공화국'은 엄격한 정교분리 원칙을 주장하는 모습에서 가장 잘 드러납니다. 이와 관련해서는 히잡을 썼다는 이유로 학생을 학교에서 퇴학시킨 사건이 유명합니다. 두 가지 개념에 대해서는 뒤에서 자세히 알아 가기로 하고, 우선은 '사회적 공화국'을 살펴봅시다.

사회적 공화국은 쉽게 이해하기 어려운 대목입니다. 프랑스 혁명의 3대 이념 중 평등과 우애를 떠올린다면, 막연하게나마 유추할 수 있을지도 모르겠네요. 다음의 단어들을 떠올려 봐도 좋습니다. 기회의 평등, 연대를 의미하는 솔리다리테solidarité, 국가의 개입, 그리고 넓은 의미의 사회주의. 이 단어들을 생각하며 사회적 공화국으로서의 프랑스는 어떤 모습인지 함께 살펴봅시다.

파업과 시위가
일상인 사회

프랑스에서 사회적 문제로 파업을 하거나 시위를 하는 모습은 일상적입니다. 파업이 노동 문제와 주로 연계된 행위라고 한다면, 시위는 노동뿐 아니라 정치, 사회, 경제, 문화 등 다양한 이슈를 담고 있습니다.

우리가 기억할 수 있는 최근의 대규모 시위로는 2015년의 샤를리 에브도 테러 규탄 시위가 있습니다. 풍자 전문 주간지『샤를리 에브도Charlie Hebdo』편집진에 대한 이슬람 극단주의자들의 테러에 항의하며, 150만 명의 사람들이 파리에 모여 '내가 샤를리

'우리 모두가 샤를리다'라고 쓰인 플래카드를 들고 행진하는 프랑스 시민들의 모습. 『샤를리 에브도』
는 이슬람 선지자 무함마드를 풍자의 대상으로 삼았다는 이유로 테러의 표적이 되었다.

다 Je suis Charlie!'라는 구호를 함께 외쳤습니다. 프랑스 대통령을 비
롯한 여러 나라의 정상, 사회 여러 분야의 지도자들이 함께한 대
규모 시위는 매우 인상적이었습니다.

시위는 '다수의 사람들이 공동의 목적을 추구하는 과정에서 자
신의 뜻을 알리는 집합적인 의사 표현 행위'입니다. 자신이 이해
관계자가 아니라고 해도 그 뜻에 동조한다면 시위에 참여할 수
있습니다. 이는 자연스레 연대를 뜻하는 솔리다리테와 관련됩니
다. 다른 한편으로는 정부가 그 시위를 충분히 용인한다는 의미

에서 톨레랑스tolérance와도 연관 지을 수 있습니다.

적극적인 사회 보장을
지지하다

사회 보장 제도를 통해서도 프랑스의 솔리다리테 개념을 이야기할 수 있습니다. 사회 보장 제도는 '기회의 평등'과 밀접하게 연관됩니다. 기회의 평등이라는 개념은 프랑스 혁명 초기에 선포된 「인간과 시민의 권리 선언」 6조에 등장합니다.

"모든 시민은 법률상으로 평등하므로, 자신의 품성이나 능력에 의한 차별 이외에는 어떠한 차별도 없이 모든 명예를 평등하게 누릴 뿐만 아니라 공적인 직위와 직무를 동등하게 맡을 자격이 있다."

기회의 평등, 더 나아가 사회적 공화국을 향한 프랑스의 노력은 혁명 정부가 채택한 '1793년 헌법'에서 더 심화되었고, 1848년 혁명, 1871년 파리 코뮌 등을 거치면서 더욱 구체화됐습니다. 그 결과 프랑스는 다른 나라들에 앞서 노예 제도를 폐지하는 한편, 무상 교육을 실시하는 등 사회 보장 제도를 갖추었습니다. 또한 일찍이 평등한 노사 관계를 확립하고, 유급 휴가, 주 40시간 노동, 단체 협상 등을 시행할 수 있었습니다.

프랑스의 연대주의는 19세기 말, 정치가인 레옹 부르주아Léon Bourgeois에 의해 이론화되었습니다. "국가는 모든 개인을 질병, 재해, 실직, 장애, 노쇠로 인한 위험으로부터 보호하는 완벽한 보장 체계를 갖출 때만 평화를 누리게 된다."라는 그의 주장은 많은 이들의 지지를 받았습니다. 그는 국가 개입을 통한 사회 연대를 강조했으며, 특히 결핵, 실업, 사회 보장, 노동 등에 많은 관심을 갖고 실천했습니다. 그의 주장은 1차 세계 대전 이후 국제적으로도 알려졌으며, 국제 연합UN의 전신인 국제 연맹의 성립에도 상당한 기여를 했습니다. 그 공로로 레옹 부르주아는 1920년에 노벨 평화상을 수상했습니다.

연대주의 하면 떠오르는 또 한 명의 인물은 아베 피에르Abbé Pierre입니다. 본명은 앙리 그루에Henri Grouès이지만, 레지스탕스* 활동 때부터 사용하던 가명인 피에르로 더 유명합니다. 사람들은 그를 아베 피에르, 즉 피에르 신부님이라고 불렀습니다. 2차 세계 대전 후, 프랑스는 주택 부족 문제가 극심했습니다. 특히 1954년 겨울은 유난히 추워 노숙하던 사람들이 얼어 죽는 일까지 발생했습니다. 이전부터 빈민 운동에 관심을 갖고 있던 아베 피에르는 방송을 통해 프랑스 국민에게 이러한 사실을 알리고 구호를 요청했습니다. 아베 피에르는 주인의 허락 없이 빈집을 차지해 사회에 커다란 충격을 주었습니다. 비록 사유 재산을 침해한 범법 행위였지만, 집이 없어 얼어 죽는 사람을 구하는 일이 더 시급하다고 주장한 것입니다. 1994년 12월 아베 피에르는 파리 시내 빈 건물을 점거한 일로 파리 시장 자크 시라크Jacques Chirac를 만났습니다. 시라크는 이 자리에서 파리시가 무주택자들을 위해 빈집을 강제로 거두어들일 수 있게 하는 옛 법적 근거를 부활시키겠다고 약속했습니다. 자크 시라크는 1995년 봄에 치러질 대통령 선거의 유력 후보자였습니다. 시라크의 약속에서 알 수 있듯이 아베 피에르는 프랑스 사회의 귀감이 되며 연대주의에 대한 지지를 이끌어 냈습니다.

모두가 동등하게 혜택을 누려야 한다는 생각

시민에 대한 국가의 사회 보장 원칙은 2차 세계 대전 이후 세워진 제4공화국 헌법에 처음 명시되었습니다. 제4공화국 시절 정비된 사회 보장 제도가 오늘날까지 지속되고 있습니다. 프랑스의 사회 보장 제도 중 눈에 띄는 것은 '가족보조수당·Caisse nationale des allocations familiales'입니다.

가족보조수당은 '가족의 부양 부담을 줄여 주는 것'을 목적으로 합니다. 여기에는 가족 수당, 주거비 보조 등이 포함됩니다. 20세기 초반 프랑스는 출산율 감소 등으로 인한 인구 감소 문제를 심각하게 겪었습니다. 가족보조수당은 인구 문제를 해결하기 위해 도입된 제도로, 대표적인 보편적 복지 제도입니다. 보편성의 원칙, 단일성의 원칙, 민주화의 원칙에 따라 외국인을 포함한 모든 사람이 똑같은 혜택을 받습니다. 유학생 부부도 예외는 아니어서, 한국인 유학생들에게 매우 친숙한 제도이기도 합니다.

그런가 하면 프랑스에는 '최소적응수당Revenu minimum d'insertion'이라는 것도 있습니다. 1988년 미셸 로카르Michel Rocard 국무총리 시절에 만들어진 이 제도는 25세 이상의 프랑스 거주자가 실업 상태일 경우 프랑스 정부가 정한 최소 임금의 약 80%를 지급받을 수 있도록 하고 있습니다. 실업 상태에 오랫동안 노출된 사람들이 사회성을 잃고 사회에 적응하지 못하게 될 것을 우려해 만들어진 제도입니다. 이 제도의 수혜자 대부분은 가족 없이 홀로 사는 사람들입니다.

프랑스는 보편적 복지 제도를 택하고 있습니다. 그렇기 때문에 이웃 나라인 독일이나 영국과 비교했을 때에도 사회 보장 예산의 비중이 큽니다. 최근 프랑스 역시 다른 선진국과 마찬가지로 의료비와 노후 대책 비용 등으로 인한 재정 문제를 겪고 있습니다. 게다가 실업률이 증가하면서 실업 수당으로 지출하는 금액 또한 늘어나고 있습니다.

주 35시간 노동
실업을 해결해 줄까?

실업 문제를 해결하기 위해 프랑스는 노동 시간을 줄이는 방법을 택했습니다. 프랑스는 1998년 당시 세계 최초로 주당 35시간 노동법을 채택했습니다. 법안을 발의한 인물은 사회당 출신의 고용과 연대 장관 마르틴 오브리Martine Aubry였습니다. 노동 시간을 단축해 조금이라도 더 많은 사람이 일자리를 가질 수 있도록 하자는 취지였습니다.

사실 역사적으로 이러한 조치가 처음은 아니었습니다. 이미 1936년 좌파 연합 정권인 인민전선 정부에서 주 40시간 노동제와 연 2주간의 유급 휴가를 법으로 제정해 세계를 깜짝 놀라게 한 적이 있었거든요. 그러나 주 35시간 노동은 뾰족한 해결책이 되지는 않은 것 같습니다. 일자리 나누기로 이어질 것이라는 기대와 달리, 1인당 고용 비용이 늘어나면서 기업들이 새로운 직원을 뽑는 것을 꺼리게 만들었다는 비판에서 알 수 있습니다. 2007년 당시 니콜라 사르코지Nicolas Sarkozy 대통령 후보가 내건 '더 일하고 더 많이 벌자!'라는 구호가 지지를 얻은 이유도 여기에 있지요. 즉 35시간 노동은 프랑스인의 연대를 상징하기에는 충분하지만, 얼마나 실질적인 실업 문제 해결책이 되느냐는 별개인 것입니다.

하지만 이를 손대기 위해 2016년 사회당 정부가 발의한 새로운 노동법 역시 많은 젊은이의 저항에 직면했습니다. 일명 '엘 코므리 법La loi El Khomri'은 주당 노동 시간을 최장 46시간까지 연장할 수 있게 하는 내용을 담고 있습니다. 여기에 반대하는 사람들은 이 법안이 자신들의 구직 상황을 위태롭게 할 뿐만 아니라, 프랑스의 연대 의식을 깨는 것으로 판단하고 있습니다.

과연 '사회적 공화국' 프랑스는 어떤 선택을 내리게 될까요? 2017년 9월 현재 에마뉘엘 마크롱Emmanuel Macron 대통령은 지지율 하락세에도 불구하고 고용 유연성 확대를 위한 정책을 추진하고 있습니다. 마크롱은 전 정부에서 경제 장관으로 일하며 주당 노동 시간을 늘리려다 실패한 바 있습니다. 노동계를 비롯해 많은 사람이 마크롱의 행보를 주의 깊게 지켜보고 있습니다.

여성

싸워서 얻어 낸 권리

'페미니즘^{féminisme}'이라는 단어가 프랑스에서 생겨났다는 사실, 여러분은 알고 있나요? 이 말은 1870년경 여성적 특징을 보이는 남성 환자를 가리키는 의학 용어로 처음 등장합니다. 그 이후 소설 작품에서 여자가 남자와 똑같은 교육을 받고 권리를 누려야 한다고 생각하는, 당시로서는 '남성답지 못한 남성'을 뜻하는 말로 페미니스트라는 용어가 사용되었습니다. 그러다가 1882년 위베르틴 오클레르$^{Hubertine Auclert}$가 페미니즘이라는 용어를 여성들의 권리 투쟁을 위한 상징으로 삼자고 주장했습니다. 오클레르는 프랑스 여성의 참정권을 얻고자 싸웠던 인물입니다.

동서양을 막론하고 근대 사회로 접어들면서 여성들이 집단적으로 자기 권리를 주장하기 시작했습니다. 19세기는 여성 해방을 위한 조직적인 투쟁이 일어났다는 점에서 페미니즘 발전에서 특히 중요한 시기입니다. 산업화와 더불어 본격적으로 여성 노동 문제가 드러났고, 여성의 시민권 획득을 위한 투쟁이 시작되었습니다.

"빵을 달라!" 외치며 행진한
파리 여성들

하지만 그보다 앞서, 근대 페미니즘의 출발점이라고도 이야기될 만큼 여성의 권리와 지위 향상에 중요한 계기가 있었습니다. 바로 1789년의 프랑스 혁명입니다. 혁명 시기 여성들의 역할 및 의식에 대한 연구에 따르면, 여성들이 거리에서 일어난 소요나 폭동에 자발적으로 참여하는 경우가 많았다고 합니다. 의회의 관람석이나 정치 클럽 등 한자리에 모여 큰 목소리로 요구 사항을 제시하는 일도 흔했고요. 심지어 남성들보다 앞장서는 경우도 여러 차례 있었다는 것이 고증을 통해 밝혀졌습니다.

그중에서도 1789년 10월에 파리 시장 여성들이 중심이 되어 베르사유궁까지 걸어가 왕을 만났던 사건은 유명합니다. '빵의 행진' 혹은 '10월 행진'으로 더 잘 알려진 이 사건은 루이 14세 이후 베르사유에 머물던 왕의 가족을 파리의 튈르리궁으로 되돌아오게 만들었습니다. 이 사건은 이후 혁명 진행에 큰 영향을 주

프랑스 역사가 쥘 미슐레(Jules Michelet)는 이런 말을 했다. "바스티유를 잡은 건 남자들이지만 왕을 잡은 건 여자들이었다."

었다고 평가받습니다.

혁명기에 여성들은 주목할 만한 세력이 됩니다. 의회 방청석을 차지하고 앉아 연설을 듣고 박수를 보내거나 야유를 퍼붓고, 단두대 앞에서 처형 장면을 지켜보며 환호하거나 소리를 지르는 등 적극적인 모습을 보여 주었습니다. 이런 민중 계급 여성들을 가리켜 '뜨개질하는 여자들 femmes tricoteuses'이라는 말이 생길 정도였으니까요. 지금 우리 모습에 비유하자면 '아줌마 부대' '유모차 부대' 쯤 될까요. 심지어 혁명에 대한 견해가 서로 다른 여성들끼리 길에서 싸움을 벌이는 일도 있었다고 합니다. 이런 경험은 여성들로 하여금 그전에는 존재하지 않았던 가능성을 보게 했습니다. 여성이 뭉치면 무엇인가를 이룰 수도 있다는 희망을 품게 했지요. 프랑스 혁명은 여성의 의식 변화에 중요한 전환점이 되었습니다.

인간에게는 천부 인권이 있다.
그럼 여성에게는?

프랑스 혁명 시기 활동했던 한 혁명가가 있습니다.

페미니즘 역사에서 잊지 말아야 할 인물, 올랭프 드구주^{Olympe de Gouges}입니다. 드구주는 프랑스 혁명의 성과 중 가장 의미 있다고 평가받는 「인간과 시민의 권리 선언」이 남성만을 위한 반쪽짜리 선언이라고 비판하며 새로이 「여성과 여성 시민의 권리 선언」을 썼습니다. 드구주는 이 글에서 여성도 남성과 마찬가지로 자유롭게 태어났으며, 따라서

올랭프 드구주는 혁명에 반대한다는 혐의로 처형당했다. 하지만 진짜 문제가 된 것은 '여성이 정치에 나섰다.'라는 사실이었다.

남성과 동등하게 평등한 권리를 보장받아야 하고 사회적, 정치적 토론에 참여할 수 있어야 한다고 주장했습니다. 「여성과 여성 시민의 권리 선언」 10조에는 "여성은 단두대에 오를 권리가 있다. 마찬가지로 여성은 연단에 오를 권리도 있어야 한다."라고 적혀 있지요.

또한 드구주는 아들딸에게 똑같이 재산을 나누어 줄 것을 요구했고, 결혼 생활에 남녀의 동등한 책임과 의무가 있으니 이혼을 합법화할 것을 주장합니다. 이렇게 여성들이 권리를 주장한 결과, 1790년에는 장자상속법이 폐지되고 1793년에는 이혼법이 제정되었습니다. 이는 사회 계약에 기초한 새로운 남녀 관계의 수

립으로 평가받습니다. 여성이 이성적인 사유 능력을 지닌 독립적인 존재임을 인정받은 것이지요.

여성들은 성에 따른 차별이 부당하다고 호소하며 시민의 자격을 인정받기 위해 노력했습니다. 하지만 드구주는 당시 혁명 정부를 주도하던 세력인 로베스피에르 Maximilien de Robespierre, 마라 Jean Paul Marat 등을 비판하다가 끝내 단두대에서 처형됩니다. 이후 혁명 정부에서는 여성이 5명 이상 모이는 것을 금지하고 여성들의 의회 출입을 막았습니다. 여성이 활동하던 모든 정치 클럽을 해산하는 등 여성들의 정치적, 사회적 역할을 모조리 차단하려고 했습니다. 그 결과 혁명기에 강조된 '인간의 타고난 권리'는 여성에게는 해당되지 않는 것이 되고 맙니다. 여성은 아내와 어머니로서 가정에 머물며 육아와 가사에 전념하는 것이 미덕이라는 성 차별적인 인식이 더욱 강화되지요.

나폴레옹이 쿠데타를 일으켜 혁명을 종결시키고 황제로 등극한 이후에는 더욱더 보수적이고 가부장적인 체제가 만들어집니다. 특히 『나폴레옹 법전』은 여성을 남성의 소유물로 간주하고 여성을 남편에게 보호받아야 하는 존재로 여겼습니다. 남편이 아내를 일정 기간 교정 시설에 감금하는 것도 허락했습니다. 성격 차이로 인한 이혼 허용 조항은 삭제되었으며 심지어는 남편이 간통 현장에서 아내를 살해하는 것도 인정되었습니다. 프랑스 시민으로서 여성의 권리가 최소화되고 거의 모든 공공 영역에서 여성의 접근이 배제되었지요.

여성의 권리,
뒤늦게 인정받다

19세기 후반은 서구 대부분의 국가에서 여성의 정치적 권리 획득을 위한 노력이 꽃피던 시기였습니다. 핀란드(1906년), 노르웨이(1913년)처럼 예외적으로 일찍 여성의 정치적 권리를 인정했던 나라도 있지만, 대부분의 서구 국가들은 제1차 세계 대전을 겪으면서, 또는 적어도 전쟁이 끝난 이후부터 여성에게 참정권을 부여했습니다. 덴마크, 캐나다, 소비에트 러시아, 독일, 폴란드, 영국, 네덜란드, 미국, 심지어 여성 인권의 보장 수준이 미흡하다고 평가받는 터키에서도 그즈음 여성 참정권이 주어졌습니다. 하지만 프랑스는 이웃 나라들보다 훨씬 뒤늦게, 제2차 세계 대전이 거의 끝나 가던 1944년에 이르러서야 여성 참정권을 인정합니다. 그것도 의회의 정상적인 법 제정을 통해서가 아니라 임시 정부의 법률 명령에 의해서였지요. 다른 나라들보다 거의 한 세대가 늦었던 것입니다.

그런데 프랑스 여성 참정권을 적극적으로 반대한 세력은 보수적인 왕당파가 아니라 진보를 지향하는 공화주의자들이었습니다. 혁명기 이후 프랑스에는 왕이 통치하는 체제로 되돌아가기를 원하는 왕당파와 국민이 주권을 가진 공화국 체제를 유지하려는 공화주의자 사이의 싸움이 지속되었습니다. 왕정을 옹호하는 가톨릭교회 세력 또한 공화주의자들 입장에서는 공화국의 걸림돌로 생각되었습니다. 공화주의자들은 신앙심 깊은 여성들이 스스로 이성적으로 판단하는 대신 가톨릭 성직자들의 영향에 휩쓸려 편향된 선거를 하게 될 것이라고 믿었습니다. 여성들이 가톨릭교회와 성직자를 지지함으로써 궁극적으로는 왕당파 같은 보수 세력의 정치적 입지를 강화시킬 것이라 판단했기 때문에 참정권을 부여하지 않으려 한 것입니다.

여성에게 정치적 권리를 부여하는 데 인색했던 또 다른 이유는 인구 감소에 대한 위기의식 때문입니다. 프랑스 혁명 이전까지만 해도 프랑스는 '유럽의 중국'이라 불릴 정도로 인구가 많았습니다. 그러나 19세기 중반 이후 출생률이 정체되기 시작합니다. 인구가 곧 국력의 근원이라 여기며 인구수와 출생률에 강박적 관심을 보이던 프랑스는 여성들이 정치적 권리를 얻게 되면 공적 영역에 관심을 쏟느라 집안일, 특히 출산과 육아에 소홀해질 것이라 우려했습니다. 게다가 인구 손실과 사회적 변화의 계기가 되었던 두 차례의 세계 대전을 거치면서 출산과 육아에 충실한 여성을 이상적으로 여기는 분위기가 지배적이 됩니다.

결국 프랑스 여성들이 남성들과 동등한 자격으로 첫 선거를 치른 것은 1945년의 일입니다. 다른 유럽 국가에 비해 꽤 늦었지요. 하지만 참정권을 획득했다고 해서 곧바로 여성들의 사회적,

1937년 파리의 참정권 시위대의 모습. '프랑스 여자는 투표해야 한다'라고 쓰인 피켓을 들고 있다. 여성 참정권은 싸워서 얻어 낸 권리다.

정치적 활동이 활발해지기는 어려웠습니다. 프랑스는 여성이 실질적으로 정치에 참여하는 비율이 주변 유럽 국가들에 비해 그리 높지 않은 나라였습니다.

정치뿐 아니라 경제적인 면에서도 뒤늦은 것은 마찬가지였습니다. 19세기 내내 프랑스 민법은 여성을 '영원한 미성년자'로 간주했습니다. 결혼하지 않은 여성은 말할 것도 없고 기혼 여성조차 온전한 경제적 권리를 누리지 못했습니다. 영국, 스웨덴은 1870년대에, 덴마크, 노르웨이 등은 1880년대에 이미 여성이 자신의 임금을 보유할 권리를 보장했습니다. 하지만 프랑스의 기혼 여성은 1907년이 되어서야 자신의 임금을 임의로 사용할 법적 권리를 얻습니다. 그것도 가족을 위해 사용한다는 전제가 있어야 했습니다. 기혼 여성이 남편의 동의 없이 자발적으로 직업을 갖거나 은행에 계좌를 개설할 수 있게 된 것은 1965년의 일입니다. 그제서야 비로소 여성이 독립적으로 재산을 관리하는 일이 가능해진 것입니다.

2016년 5월 우리나라에서 발생한 '강남역 여성 살해 사건' 등을 바라보고 있으면 한국 사회에서 여성이 처한 현실을 절감하게 됩니다. 한국에서 여성이 남성과 동등한 권리를 쟁취하고 사회적 평등과 존중을 얻기까지는 갈 길이 멀어 보입니다. 그러나 혁명의 나라 프랑스에서도 여성 참정권은 2차 세계 대전이 끝난 후에야 보장되었고, 1965년이 되어서야 여성이 재산을 스스로 관리할 수 있게 되었다는 사실을 떠올려 보면, 여성의 권리는 거저 얻을 수 있는 것이 아닌가 봅니다.

대학

바칼로레아에서 그랑제콜까지

　　우리나라의 고3 학생들이 수능을 치듯이, 프랑스 고등학생들이 매년 6월 졸업을 앞두고 치르는 시험이 있습니다. 바로 '바칼로레아Baccalauréat'입니다. 흔히 줄여서 바크Bac라고도 부르는 이 시험은 1808년 나폴레옹 황제의 칙령에 의해 처음 도입되었으니 무려 200년 이상 지속된 제도입니다. 바칼로레아는 고등학교 졸업 자격시험인 동시에 실질적인 대학 입학시험이기도 합니다. 이 시험에 합격하면 별도의 시험 없이 어느 지역의 대학이든 자유로이 지원할 수 있기 때문입니다. 이런 입학 방식은 프랑스 대학 대부분이 국립대이고 대학 수준도 대체로 평준화되

시험을 치는 프랑스 학생들의 모습. 2017년 바칼로레아에는 69만 9,400명이 응시해 54만 9,600명이 합격했다.

어 있어서 가능한 것입니다.

바칼로레아는 일반, 기술, 직업 등 세 계열로 나뉘는데, 절반 이상의 학생이 응시하는 일반 계열 시험은 다시 문학, 경제사회, 과학으로 나뉩니다. 우리가 전공을 문과 이과로 구분하는 것과 비슷하지요. 프랑스어, 역사와 지리, 수학, 철학, 외국어는 필수 과목이고, 전공에 따라 생물학, 사회학, 경제학, 물리학, 화학 등을 추가로 선택하게 됩니다. 외국어의 경우 터키어, 베트남어, 노르웨이어 등 50개가 넘는 언어 중에서 시험 볼 과목을 고를 수 있습니다. 선택하는 학생이 많지는 않지만 한국어도 포함되어 있지요.

바칼로레아가 유명한 이유는 특히 철학 과목의 시험 내용과 방식 때문인데요, 단편적인 지식을 묻기보다는 지금까지 익혀 온 지식을 얼마나 설득력 있게 표현할 수 있는가를 평가합니다. 2017년 철학 시험 문제를 한번 볼까요? 다음 주제 중 하나를 골라 답하면 됩니다.

알기 위하여 관찰하는 것으로 충분한가?

예술 작품은 꼭 아름다워야 하는가?

권리를 옹호하는 것은 곧 이익을 옹호하는 것인가?

어떻습니까? 꽤나 어렵지요. 이 철학 시험은 4시간 동안 한 편의 글을 써내야 하는데, 무엇보다 논리적 글쓰기 능력이 요구됩니다. 주제가 다양한 영역에서 출제되기 때문에 평소의 독서량도 뒷받침되어야 하겠지요.

그런데 프랑스 내에서는 바칼로레아를 비판하는 목소리도 높습니다. 다름이 아니라 채점을 하는 데 돈이 너무 많이 들기 때문입니다. 응시자가 70만 명에 이르는 논술식 답안을 전국의 철학교사들이 모여 채점하는 광경이 상상이 되나요? 시험 감독관만 해도 17만 명이 넘고 채점할 시험지가 400만 장이 넘습니다. 바칼로레아를 치르는 데 드는 비용이 매년 약 2억 유로, 우리 돈으로 약 3천억 원이라고 합니다.

바칼로레아에 대해 "시험이라기보다는 고등학교 졸업 의식에 가깝다."라고 비판하는 의견도 있습니다. 합격률이 너무 높기 때문입니다. 1945년까지만 해도 전체 수험생의 약 3%만 합격할 만큼 매우 까다롭던 이 시험은 점차 합격률이 높아져 1990년대에는 50%가 되더니 급기야 2016년에는 88.5%까지 치솟았습니다. 2017년에도 78.6%의 높은 합격률을 기록했습니다. 그러니 일각에서 졸업생의 20%도 채 걸러 내지 못하는 이런 변별력 없는 시험에 왜 막대한 돈을 쓰느냐는 비판이 제기된 것입니다.

게다가 공립 학교와 사립 학교의 수준 차도 문제입니다. 『르몽드Le Monde』에 따르면, 2015년 바칼로레아 합격률과 학생 성적 향상도 등을 감안해 프랑스 전체 고교의 순위를 매긴 결과 상위 50개 고등학교 가운데 38개교가 사립 학교였습니다. 프랑스의 전체 고등학교 중에서 사립 학교가 20%가 채 안 된다는 점을 고려한다면 사립 학교의 강세가 어느 정도인지 짐작할 수 있을 겁니다.

바칼로레아의 높은 합격률을 생각하면, 대학에 진학하는 학생의 수가 너무 많은 것은 아닌지 걱정할 수도 있겠습니다. 하지만 바칼로레아에 합격한 학생이라면 누구나 대학에 들어갈 수 있는 반면, 아무나 대학을 졸업할 수는 없습니다. 프랑스 대학에서는 일정 수준에 도달하지 못하면 고학년으로 진급할 수 없기 때문입니다. 입학보다 졸업이 어렵기 때문에 한국처럼 대부분의 학생이 당연하게 대학에 가지 않습니다. 실제 프랑스의 대학 진학률은 40% 선입니다.

유서 깊은 '소르본'에서
우열 없는 '파리 4대학'으로

그렇다면 바칼로레아를 치르고 나서 입학하게 되는 대학의 모습은 어떨까요?

프랑스의 대학은 오랜 전통을 지니고 있습니다. 소르본 대학의 경우 기원을 찾다 보면 중세인 1200년대까지 올라갑니다. 처음에는 길드와 비슷하게 교수와 학생들이 모여서 만든 조합의 형태로 출발한 소르본 대학은 점차 발전하며 학문의 장으로서 명성을 더해 갔습니다. 바깥세상과는 격리된 지식인들의 공간으로 자리 잡으며 오랫동안 학문적 권위를 상징했습니다. 1968년의 그 사건이 있기 전까지는 말입니다.

오늘날 프랑스의 대학은 매우 새로운 체제를 갖추고 있습니다. 2017년 기준으로 프랑스 전역에는 70개의 종합 대학^{universités}이 있습니다. 대부분이 국립이며 등록금도 거의 없습니다. 파리 1대학, 리옹 2대학 등으로 도시 이름 뒤에 숫자를 붙여 부르지만 숫자는 그저 숫자일 뿐, 대학들 사이에는 우열이 없습니다. 프랑스

1968년 5월 파리의 모습. 노동자와 연합한 학생들은 "금지하는 것을 금지한다." "상상력에 권력을" 등의 구호를 외치며 변화를 주장했다.

의 대학 체제가 이처럼 크게 개편된 것은 1968년 5월 혁명 덕분입니다. 흔히 '68혁명'이라 부르는 이 혁명은 대학에서 시작되었고, 대학생이 주도했습니다. 그러면서 사건의 진원지인 대학 역시 커다란 구조 개혁을 겪게 되었지요.

2차 세계 대전이 끝나고 생활 수준이 전반적으로 높아지면서 프랑스 사회에는 고급 인력에 대한 수요가 점차 커졌습니다. 그러니 대학생 수도 늘어날 수밖에 없었지요. 이른바 베이비 붐 세대가 대학에 진학하던 1960년대에 이르면 대학생의 '공급'이 수요를 넘어설 정도로 늘어나게 됩니다. 1960년에 20만 명이던 프랑스의 대학생 수는 1968년 58만 7천 명으로 급증했습니다.

이처럼 대학생이 많아지면서 교육을 지렛대 삼아 사회적 신분 상승을 꾀하기가 점차 어려워졌습니다. 소시민 집안 출신으로 대학 문턱을 밟은 학생들의 기대는 드높았던 반면, 실제로 보장된 기회는 점점 줄었습니다. 대학 교육은 더 이상 유망한 직업을 보장하는 디딤돌이 아니었습니다.

당시 소르본 대학의 모습을 좀 더 자세히 들여다보기로 합시다. 소르본은 넘쳐나는 학생들로 인해 '혼잡' '질식' '초과' 같은 단어로 묘사될 정도였습니다. 콩나물 교실이 따로 없었지요. 게다가 학문적 권위를 내세운 탓에 경직된 소르본 대학의 학풍은 시대의 변화를 따라잡지 못했습니다. 자신의 적성과 흥미에 맞는 강의를 들을 수 없었던 학생들은 점차 소르본에서 수업 듣기를 포기했습니다. 그 대신에 사회과학고등연구원의 전신인 고등연구원, 교사를 양성하는 고등사범학교$^{École\ Normal\ Supérieure}$, 대중 강연을 하는 콜레주드프랑스 등 다른 학교를 찾아 나섰습니다. 시대 변화를 무시하던 소르본 대학 당국과 학생들 사이에는 갈등의 골이 점점 깊어졌습니다.

결국 1968년 5월의 혁명을 계기로 거대한 소르본 대학은 분열됩니다. 8개의 독립된 대학들로 갈라지면서 파리 1대학, 파리 2대학 등으로 숫자를 붙여 구분하게 되었습니다. 이는 권위주의를 타파하고 대학의 우열을 없애 교육의 평등을 지향하겠다는 의지를 담은 것입니다. 파리 외곽 지역에 있던 낭테르 대학, 뱅센 대학 등까지 파리 대학의 이름을 달게 되면서 1971년부터 파리 대학은 총 13개로 재구성됩니다. 각 대학은 저마다 학풍이 다르고 연구하는 분야도 제각기 다양합니다. 개편 과정에서 파리 4대학에는 우파 교수들이 모였고, 파리 1대학과 파리 8대학에는 좌파 교수들이 주로 모였습니다. 각자 정치적 성향에 따라 원하는 곳으로 모여든 만큼 학문의 경향도 사뭇 다르답니다.

대학 위의 대학
그랑제콜

그런데 프랑스에는 '대학 위의 대학'이라 불리는 또 다른 고등 교육 기관이 존재합니다. 그랑제콜Grandes Écoles이라는 독특한 제도로, 정부 각 부처에서 필요로 하는 행정가와 분야별 전문가를 만들어 내기 위해 세워진 일종의 엘리트 양성 기관입니다.

그랑제콜은 일반 대학과 지원 자격, 선발 방법, 교육 방법 등에서 상당한 차이점을 보입니다. 앞서 말했듯 일반 대학은 바칼로레아에 합격만 하면 누구나 자유로이 입학할 수 있지만, 그랑제콜에 입학하려면 여러 차례의 관문을 통과해야 합니다. 우선 학교별로 마련된 선발 고사를 거쳐야 합니다. 이 시험에 합격하면 흔히 '프레파Prépa'라고 불리는 그랑제콜 준비반에 들어가게 됩니다. 프레파 과정 1~2년, 그랑제콜의 3~4년 수업을 마치려면 고

등학교 졸업 후 대개 5~6년이 걸립니다. 일반 대학보다 긴 기간
이지만, 그만큼 양질의 교육을 받기 때문에 우수한 학생들은 많
이들 그랑제콜에 들어가기를 원합니다. 따라서 입시 경쟁 또한
치열합니다.

그럼 대표적인 그랑제콜에는 어떤 곳이 있는지 살펴볼까요?
고등사범학교는 우수한 교사를 키우고 기초 학문 분야의 연구원
을 양성하는 것을 목적으로 하는 곳입니다. 이곳은 소수 정예임
에도 물리 분야에서만 14명의 노벨상 수상자를 배출했습니다. 철
학 분야에도 강점을 보여 베르그송, 사르트르, 푸코, 데리다, 부
르디외 등 20세기의 주요한 철학자들이 이 학교에서 공부했습니
다. 최근 『21세기 자본』이라는 책으로 세계의 주목받고 있는 경
제학자 토마 피케티도 이 학교를 거쳤습니다.

공학 계열의 에콜 폴리테크니크École Polytechnique는 기술 관료를
양성하기 위해 만든 학교입니다. 한 가지 특이한 것은 이 학교 학
생들은 학사 과정을 이수하기 전에 일정 기간 군사 교육을 받아
야 한다는 점입니다. 매년 7월 14일 샹젤리제에서 벌어지는 프랑
스 혁명 기념식에 학생 전원이 군복을 입고 군사 퍼레이드에 참
여합니다.

국립행정학교ENA, École Nationale d'Administration도 짚어 볼 만합니다.
제2차 세계 대전 후 독일 치하에서 벗어난 프랑스는 부족한 고
급 행정 관료를 신속하게 양성할 목적으로 ENA를 설립했습니

프랑스 혁명 기념일 군사 퍼레이드에 참여한 에콜 폴리테크니크 학생들. 에콜 폴리테크니크는 국방부 소속의 교육 기관이다. 1794년에 개교했으며, 1805년 나폴레옹 1세에 의해 군사 학교가 되었다.

다. 우리나라가 해방 후 관료가 부족하다는 이유로 일제 강점기 관료로 일했던 친일파들을 그대로 대거 등용했던 것과는 다른 방식이지요. 현재 프랑스 대부분의 기업체 임원이나, 정치인, 고급 관료들이 이 학교 출신입니다. 2017년 5월 새로 대통령이 된 에마뉘엘 마크롱, 직전 대통령인 프랑수아 올랑드^{François Hollande} 역시 ENA 출신입니다. 이렇게 특정 학교 출신이 정계 및 관계를 지배하는 것에 대해 일각에서는 'ENA 망국론'을 말하기도 합니다.

　서열 없는 대학을 지향하지만 결과적으로는 일부 그랑제콜 출

신들이 엘리트주의와 폐쇄성으로 재계, 정계, 학계를 독식하다
시피 해 비판받는 모습은 프랑스 교육 제도의 아이러니한 단면입
니다.

히잡 사건

정교분리의 가면을 쓴 혐오

　　1989년 7월 14일 프랑스 혁명 200주년을 기념하는 성대한 행사가 치러졌습니다. 프랑스 혁명은 프랑스뿐 아니라 유럽과 전 세계 사람들에게 '자유 평등 우애'라는 이상을 가져다준 영광스러운 혁명으로 여겨집니다. 또한 그해 11월 9일, 독일에서는 동서 진영을 가로막고 있던 베를린 장벽이 붕괴됐습니다. 그 결과 동과 서로 나뉘어 반목하던 독일이 평화적으로 통일을 이룰 수 있었습니다.

　　그런데 역설적이게도 같은 해 10월, 프랑스의 어느 작은 마을에서 이 두 기념비적인 사건에 역행하는 일이 일어났습니다. 한 중학교에서 무슬림 여학생들이 퇴학을 당했는데, 그 이유가 머리에 쓰는 이슬람식 두건인 히잡을 수업 시간에 벗지 않았기 때문이었습니다. 이른바 '히잡 사건'이라고 불리는 이 사건은 이후 프랑스 사회에 열띤 논쟁을 불러일으킵니다.

히잡을 벗지 않아
퇴학당하다

여기에서 잠깐 프랑스의 정교분리 원칙을 짚고 넘어갑시다. 프랑스는 세계 어느 나라보다도 정치와 종교의 엄격한 분리를 추구하고 있습니다. 이를 가리켜 세속 문화 혹은 비종교 문화라고 표현합니다. 그 핵심이 바로 정교분리 원칙인 것이지요.

영국의 한 역사가는 히잡 사건을 바라보며 이렇게 말했습니다. "이 사건 이전에 있었던 일들을 알지 못하는 '외부인들'은 이 논쟁이 이해되지 않을 것이다. 프랑스의 정교분리 전통에 대한 지식이 없거나, 근대 프랑스 공화국의 발전에 대한 지식이 없는 사람들 또한 의아할 것이다. 어떻게 사람 머리에 쓰는 천 조각이 나라 전체를 장시간 흥분 상태로 빠져들게 할 수 있단 말인가."

정말 그렇습니다. 수업 시간에 머리에 쓴 천 조각 하나를 벗지 않았다고 퇴학시키는 나라가 '인권의 나라'로 불리는 프랑스라니, 우리로서는 좀처럼 이해가 되지 않습니다. 이 사건을 제대로 파악하기 위해 히잡 사건의 전모를 좀 더 살펴봅시다.

사회

1989년 10월, 프랑스 북부의 한 중학교에서 3명의 학생이 수업 시간에 히잡 벗는 것을 거부했다는 이유로 학교에서 쫓겨났다는 사실이 언론을 통해 알려졌습니다. 개교 첫해이던 이 중학교에는 900여 명의 학생이 재학 중이었습니다. 한 가지 특이 사항은 이 학생들이 25개의 서로 다른 국적을 보유하고 있었다는 점입니다. 세계 각국에서 이주해 온 다양한 학생들로 구성된 이 학교는 종교와 문화의 충돌 장소로 부족함이 없었습니다.

모로코 출신 자매들인 세 소녀의 퇴학은 거의 모든 언론에서 다뤄졌습니다. 언론들은 사건의 진행 상황을 계속해서 보도하는 한편, 학교에서 히잡을 쓰는 것에 대해, 한 걸음 더 나아가 이슬람이라는 종교에 대해 집중적으로 다루기 시작했습니다. 이슬람을 비롯한 종교계, 그리고 정치권 및 지식인들 가운데서 다양한 반응이 쏟아져 나왔습니다. 그러면서 파문이 점점 확산되었지요.

정교분리 원칙 VS 톨레랑스 정신

히잡 사건을 두고 팽팽한 질문과 논의가 오갔습니다. 학생들을 퇴학시킨 교장의 조치는 옳았는가에서 시작해 정교분리 원칙이 과연 어디까지 적용되어야 하는가에 관한 논란이 이어졌습니다. 한편에서는 히잡이 여성을 억압하는 것이라 주장했습니다. 이들은 여성의 권리를 옹호하고 이슬람 교조주의에 반대한다는 뜻에서 교장의 결정을 지지했습니다. 그러나 반대편에서

히잡 쓴 여학생들을 학교에서 퇴학시키는 법에 반대하는 많은 여성이 시위에 참여했다. 사진은 2004년 1월 파리에서 열린 시위에 참석한 저자가 찍은 것.

는 신앙의 자유를 존중하고 의무 교육을 준수하는 차원에서 학생들의 퇴학을 철회해야 한다고 주장했습니다. 이들은 톨레랑스의 이름으로, 혹은 적어도 사회 통합의 일환으로 히잡을 허용해야 한다는 입장이었습니다.

둘로 나뉜 사람들은 첨예하게 대립했습니다. 한편에서는 상대를 '이슬람 신봉자' '여성의 적'으로, 반대편에서는 '인종 차별 주의자' '이슬람 혐오주의자' 등으로 부르며 적대시했습니다. 정치권 및 사회단체 내에서뿐 아니라 가정과 학교, 카페나 식당에서

사회

도 이 문제에 대한 찬반 토론이 끊임없이 이어졌습니다. 이 사건은 단순히 히잡을 쓰는 문제가 아니라 이슬람의 '종교 문화'와 프랑스 '세속 문화'의 대결로 여겨졌습니다.

마침 당시는 극우 정당 민족전선이 반이슬람, 반이민을 주장하면서 세를 불리고 있던 상황이었기 때문에 정치인들은 이 사건에 신중한 입장을 보일 수밖에 없었습니다. 프랑스 사람들은 히잡을 용인하면 급진 무슬림 세력에게까지 시민권을 부여하는 것이 아닌가 하는 의구심을 갖기 시작했습니다. 이슬람 사원 건설에 반대하는 시위가 일어나는 등 사람들은 이슬람이 프랑스 사회에 뿌리 내리는 것에 대한 두려움을 드러냈습니다.

톨레랑스를 택한 교육부 장관

이러한 상황에서 교육부 장관은 히잡 착용을 고집하는 소녀들을 퇴학시킬 수 없다고 공표했습니다. "학교는 학생을 퇴학시킬 수 없다. 왜냐하면 학교는 학생들을 받아들이기 위해 만들어졌기 때문이다." 장관의 이 선언은 의회에서 격한 논쟁을 불러일으켰습니다. 장관의 결정에 반대하는 지식인들의 입장 표명이 이어졌습니다. 한 주간지에 5명의 유명 철학자가 '교사들이여, 항복하지 마시오.'라는 제목의 공개편지를 발표하기도 했지요.

장관의 결정을 지지한 지식인은 상대적으로 소수였습니다. 우리나라에도 잘 알려진 프랑스의 철학자이자 작가 베르나르 앙리 레비Bernard Henri-Lévy는 "이슬람의 억압적인 포용에서 세 여중생을 해방시키는 가장 좋은 방법은 이들을 학교에서 퇴학시키는 것이 아니라, 정반대로 학교에서 라블레Francois Rabelais와 볼테르Voltaire의 작품을 많이 읽히는 것이다. 만일 그렇게 되지 않으면, 이들은 게토에 함몰되어 버릴 것이다."라고 주장했습니다. 라블레와 볼테르는 프랑스를 대표하는 작가들로 프랑스의 세속 문화와 톨레랑스 정신을 잘 보여 주는 이들입니다. 이슬람 학생들을 게토라는 그들만의 섬으로 몰아넣는 대신에 프랑스의 사상에 대해 배울 기회를 주자는 주장이었지요. 그러나 정교분리의 엄격한 적용을 주장하는 대다수 사람들에게 그의 외침은 대답 없는 메아리일 뿐이었습니다.

이런 분위기 속에서 교육부 장관은 최고 행정 재판소의 판단에 의지할 수밖에 없었습니다. 최고 행정 재판소는 결국 교육부 장관이 옳다고 인정했습니다. 학생이 종교적 상징을 부착했다는 이유만으로 퇴학시킬 수는 없다는 것이 주된 논지였지요. 자, 이제 이 사건은 해결되었을까요? 일은 그렇게 쉽게 끝나지 않았습니다.

히잡은 종교적 선동이다?

우선 공립 학교에서 특정 종교의 상징을 착용하는 것과 정교분리 원칙이 병행할 수 있는지가 문제였습니다. 최고 행정 재판소는 "학생에게 인정되는 자유에는 학교 내에서 자신의 종교를 드러내고 표현할 권리가 포함된다. 단, 그것이 교과목 내에서의 교육 활동과 출석의 의무를 침해하지 않는 한도 내에서 이루어져야 한다."라는 의견을 제시했습니다. 하지만 한편으로는 "압력이나 선동, 선전 행위"와 "다른 학생들의 자유와 존엄성을 침해하는 모든 행위" 또한 금지했습니다. 이는 학교 내에서 히잡을 착용함으로써 이슬람이라는 종교를 선전할 목적이 있는 학생이라면 학교장의 판단으로 퇴학시킬 수 있다는 뜻으로 해석되었습니다. 그러니까 '선동' 여부는 학교장이 재량껏 판단할 수 있었던 것이지요.

사람들은 이런 모호함을 줄이기 위해 새로운 법안이 필요하다는 데 의견을 모았습니다. 마침내 2003년 12월 자크 시라크 대통령은 '종교적 상징물을 학교 내에서 드러내는 것을 금지하는 법안' 작성을 지지했고, 2004년 열린 국회에서 이 법안은 여야 의원 대다수의 찬성으로 채택되었습니다. 10여 년간 계속된 히잡 착용 문제를 일단락 짓는 일이었습니다.

하지만 이 사건은 여전히 많은 논란을 남기고 있습니다. 지금까지 프랑스의 공립 학교에서 기독교나 유대교 등의 종교를 가진 학생들이 '밖으로 드러나는 표시'를 한 경우는 별 논쟁을 불러일으키지 않았습니다. 십자가 목걸이가 문제가 된 적은 없었으니까요. 그런데 왜 무슬림 여성이 두르는 히잡만 문제되었을까요? 오늘날 프랑스 거주 무슬림들이 대부분 과거 프랑스의 식민지였던 북아프리카 출신인 데서 오는 민족 차별 혹은 인종 차별 때문은 아닌지 의구심이 듭니다.

모독을 당한 것일까, 아니면 혐오일까

프랑스 사람들은 히잡이라는 종교적 상징이 공립학교 내부에 '침투'하자마자 인내심의 한계를 드러냈습니다. 무슬림 소녀들이 프랑스의 정체성을 상징하는 장소를 모독했다는 느낌을 받은 것 같습니다. 그런데 정말 프랑스 공화국 정신이 이 사건으로 모독을 당한 것일까요? 모독을 당했다는 느낌은 오히려 최근 증가하는 이슬람 혐오의 다른 표현처럼 느껴집니다. 히잡 사건을 둘러싼 프랑스인들의 태도는 사실상 프랑스 공화국이 자기와 다른 집단에 너무 예민해졌다는 표시로 볼 수도 있을 것입니다.

히잡 사건을 둘러싼 논쟁이 한참이던 당시 프랑수아 미테랑François Mitterrand 대통령의 부인 다니엘 미테랑Danielle Mitterrand은 히잡을 쓴 소녀들의 퇴학 조치에 반대하면서 공화국이 더 넓은 의미의 정교분리 정책을 채택하도록 권고했습니다. "만일 프랑스 혁명 200년 후의 프랑스에서 정교분리 원칙을 이유로 모든 종교, 모든 표현을 받아들일 수 없다면 그것은 퇴보입니다. 히잡이 어떤 종교의 상징이든 우리는 그 전통을 인정해야 합니다."

  히잡 사건은 프랑스의 공립 학교가 마치 국민의 통합 기구로서 이슬람의 '침투'에 맞서는 시험대 위에 오른 것만 같았습니다. 이 시험은 1989년의 사건으로 끝나지 않고 여전히 계속되고 있습니다. 전망은 그리 밝지 않습니다. 히잡 사건 이후, 프랑스 정부는 공립 학교에서 정교분리 원칙을 수호하는 데 더 확고한 태도를 보이고 있으니까요. 2004년 공립 학교 및 공공기관에서 히잡 착용을 법으로 금지한 데 이어 프랑스 교육부는 여전히 '학교에서의 정교분리 원칙'을 대대적으로 홍보하는 정책을 펼치고 있습니다.

테러

프랑스에서 나고 자란 극단주의자

　　최근 프랑스 국민은 어느 나라 국민보다도 테러에 대한 공포심을 느끼고 있습니다. 2015년 한 해 동안만 해도 엄청난 사건들을 겪었습니다. 1월 7일에는 파리에 위치한 풍자 주간지 『샤를리 에브도』 사무실에 이슬람 극단주의자들이 침입해 12명을 살해했고, 11월 13일 밤에는 파리의 공연장과 축구 경기장 등 여섯 곳에서 총기 난사와 자살 폭탄 공격 등 동시다발 테러가 발생해 130명 이상이 사망했지요. 가장 최근에는 2017년 4월 20일 대통령 선거일을 사흘 앞두고 파리의 가장 번화한 거리인 샹젤리제에서 한 이슬람 극단주의자가 순찰 중인 경찰관을 총으

파리 테러 희생자를 추모하기 위해 2015년 11월 16일 파리 에펠탑에 프랑스 삼색기를 뜻하는 조명이 켜졌다.

로 살해해 프랑스를 충격에 빠뜨렸습니다.

프랑스에서의 테러는 대부분 자국민에 의해 벌어지고 있습니다. 물론 여기서 자국민이란 우리가 흔히 생각하는 '백인 프랑스인'이 아니라 프랑스 내 무슬림, 더 구체적으로는 북아프리카계 프랑스인입니다. 외부인이 아니라 프랑스에서 태어나고 자란 젊은이들에 의한 테러라는 점에서 매우 놀라운 일이지요. 그런데 어쩌면 이 사실은 충격적인 일이 아닐 수도 있습니다. 여기에는 1830년 프랑스의 알제리 점령이라는 제국주의적 행위에서 시작해 현재까지도 계속되는 사회적, 경제적 문제가 연관되어 있으니까요.

프랑스와 알제리
뿌리 깊은 증오

프랑스가 알제리를 식민지로 삼은 1830년 이래로 알제리인은 많은 차별과 냉대를 받아 왔습니다. 식민 지배 초기, 프랑스는 알제리를 혹독하게 통치하며 동화주의 정책을 펼쳤습니다. 알제리 고유의 언어, 문화, 생활 양식 등을 없애고 프랑스의 방식을 주입하려고 노력했습니다. 하지만 가톨릭 색채가 강한 나라인 프랑스가 무슬림이 대부분인 알제리를 쉽게 동화시킬 수는 없었습니다.

그러던 중 두 차례 세계 대전이 일어났고, 프랑스는 이 두 전쟁에 깊숙이 개입했습니다. 아니, 오히려 두 전쟁의 당사자라고 할 수도 있겠습니다. 많은 알제리인이 이 두 전쟁에 징병되어 희생되었습니다. 1차 세계 대전이 끝난 뒤, 그 고마움에 보답하기 위해 정교분리 원칙을 철저히 따지는 프랑스 정부가 파리에 커다란 이슬람 사원까지 지어 주었으니 그들의 공헌이 얼마나 컸는지 상상할 수 있겠지요?

2차 세계 대전이 끝난 뒤 세계 여러 식민지가 독립했습니다. 영국의 식민지 인도는 물론이고, 아프리카 대부분의 나라도 독립의 기쁨을 만끽했습니다. 우리나라도 이때 해방이 되었지요. 알제리 역시 독립을 바랐습니다. 하지만 프랑스는 알제리를 독립시킬 생각이 없었습니다. 워낙에 오랜 식민지였기에 '알제리 없는 프랑스는 생각할 수 없다.'라고 여기는 프랑스인이 많았습니다. 게다가 전쟁 중에 알제리에서 대규모 유전이 발견되었고, 당시 열강들이 추구하던 핵무기 실험의 장소로도 알제리 영토인 사하라 사막만큼 적절한 장소를 찾기가 쉽지 않았으니, 프랑스에게 알제리의 중요성은 더욱더 커져 갔습니다.

결국 알제리는 민족해방전선FLN, Front de Libération Nationale이라는 단체를 중심으로 무장 투쟁을 벌였습니다. 이에 맞서 프랑스는 알제리에 대규모 군대를 파견했습니다. 프랑스는 '치안 유지'라는 명목으로 알제리인을 학살했고, 알제리인은 이에 대항하여 '테러'를 감행했습니다. 프랑스의 고문과 민간인 학살, 알제리의 테러가 반복되며 서로에 대한 증오심이 커졌습니다.

당시 대통령이었던 샤를 드골Charles De Gaulle은 알제리인들이 프랑스에 쉽게 동화되지 않을 것으로 판단했습니다. "기름과 식초를 섞고, 병을 흔들어 보십시오. 1~2분 후에 기름과 식초는 다시 분리됩니다. 아랍은 아랍이고 프랑스는 프랑스입니다." 이러한 생각을 바탕으로 마침내 드골은 알제리의 독립을 결정합니다.

제1차 세계 대전 당시 전사한 무슬림 병사들을 추모하기 위해 세워진 파리 모스크. 오늘날에도 예배 공간으로 사용되며 파리 이슬람 공동체의 중심지 역할을 하고 있다.

1962년 7월 알제리는 독립했지만 갈등의 역사는 남아, 오늘날에도 알제리계 프랑스인과 주류 프랑스인 사이에는 여전히 불편한 감정이 있습니다.

일자리를 찾아
프랑스로 향한 사람들

현재 프랑스에 살고 있는 알제리 출신 이민자는 약 400만 명 이상으로 추정됩니다. 이들 중 상당수는 2차 세계 대전 이후 프랑스로 넘어왔습니다. 알제리에서 벌어진 독립 전쟁을 피해서 온 이들도 있었고, 경제적 이유로 프랑스행을 택한 이들도 있었습니다. 당시 프랑스 경제는 빠른 속도로 발전 중이었고, 일자리도 많았으니까요.

잘 알려진 대로 2차 세계 대전 이후 냉전이 시작됩니다. 미국은 자유주의 진영 국가들의 경쟁력을 높이기 위해 마셜 플랜Marshall Plan에 착수했습니다. 마셜 플랜의 정식 명칭은 유럽부흥계획으로, 공산 진영에 맞서기 위해 시장 경제를 택한 서유럽 국가들을 재정적으로 지원하겠다는 내용을 담고 있었습니다. 이 시기 프랑스도 미국의 지원을 받아 경제 발전을 이루게 되는데, 부족한 노동력의 대부분을 여전히 식민지로 남아 있던 알제리에서 구했습니다.

알제리인들은 처음에는 홀로, 나중에는 가족을 데리고 프랑스로 향했습니다. 프랑스는 이들의 입국을 열렬히 환영했습니다. 게다가 식민지 기간이 길다 보니 알제리인이면서도 알제리의 독립보다 프랑스 통치를 선호하는 사람도 많았습니다. 심지어는 알제리 독립을 막겠다고 프랑스군에 복무한 알제리인들도 있었으니까요.

프랑스에서
무슬림으로 산다는 것

　　　　하지만 친프랑스적이든 반프랑스적이든, 프랑스에

사는 알제리인은 과거 식민지인이기에, 또 무슬림이기에 많은 차별을 겪어 왔습니다. 프랑스 내 무슬림 청년 실업률만 봐도 그 사실을 알 수 있습니다. 1990년 무슬림 청년 실업률은 34%에 달했습니다. 그런데 같은 해 포르투갈 출신 청년의 실업률은 12%였습니다. 이민자라 하더라도 출신이 어디냐에 따라 차별이 얼마나 심한지 알 수 있는 대목입니다.

무슬림 청년 실업률이 높은 이유는 대학 진학률이 낮은 데 따른 영향도 있습니다. 이들은 학교를 제대로 마치지 못한 비율이 높습니다. 프랑스는 초등학교부터 낙제 제도가 있기 때문에, 생활고로 인해 부모가 아이들 학업을 제대로 돌보아 주지 못하는 경우 쉽게 학업에서 손을 놓게 됩니다. 낮은 학력은 취업하는 데 분명 상당한 걸림돌이 되겠지요.

하지만 높은 실업률을 전부 학력 탓으로 돌릴 수도 없습니다. 무슬림 구직자에 대한 차별이 분명하게 존재하니까요. 2004년 파리 1대학의 '차별연구소' 소속 연구원 장프랑수아 아마디외Jean-François Amadieu는 구인 공고를 낸 258개 기업에 이력서를 보내 그 반응을 시험해 보았습니다. 구직자들이 똑같은 이력을 지녔음에도, 거주지와 출신에 따라 결과는 달랐습니다. 백인이면서 파리에 사는 남자는 75개 기업에서 면접 통지를 받았습니다. 반면에 파리 서쪽에 위치한 도시로 대표적 이민자 밀집 지역인 망트라졸리에 사는 남자는 45개 기업에서만 면접 통지를 받았습니다. 한편 성이나 이름이 무슬림으로 보인 경우에는 14개 기업에서만 통지를 받았습니다.

이 실험은 무슬림 청년들이 프랑스 사회에 적응하는 게 얼마나 어려운 일인지 보여 줍니다. 그렇지 않아도 무슬림이라는 종교적, 문화적 정체성 때문에 사회에 녹아드는 것이 어려운데, 취업의 어려움은 이들을 더욱 겉돌게 만들고 있습니다. 프랑스의 극우파는 이런 차별은 돌아보지 않은 채 무슬림 청년들을 '사회 안전을 해치는 이들'로만 규정합니다. 본국에서 일자리를 구하지 못한 무능력자들이 프랑스에 와 무상 복지의 혜택만 누리고 있다며 비난하지요.

극단주의에 빠지는
무슬림 청년들

차별과 혐오로 고통받는 무슬림 청년들에게 유혹의 손길을 내민 것이 IS 같은 이슬람 극단주의 테러 단체입니다. IS는 종교를 통해 무슬림 청년들을 자극합니다. 예를 들어 『샤를리 에브도』가 이슬람에서 신성시하는 무함마드를 모욕했다는 점을 부각하는 식이지요. 또한 IS는 프랑스를 제국주의 국가라고 비난하며 무슬림 청년들을 선동합니다. 실제 프랑스는 말리공화국이나 중앙아프리카공화국 등 과거 식민지 내 이슬람 극단주의자들을 제압하기 위해 군대를 파견하고 있습니다. 또 유럽 국가 중 처음으로 IS 근거지를 공습하기도 했습니다. IS는 이러한 프랑스의 정책을 반이슬람적이라 규정하며 무슬림 청년들을 자극합니다.

2015년 11월 13일 파리 테러의 동조자 대부분은 프랑스에서 태어나고 교육받은 알제리계 무슬림 청년이었습니다. 파리 테러를 겪고 난 오늘날 프랑스에는, 알제리를 비롯한 북서아프리카 출신의 이민자들은 곧 급진 무슬림이며 테러리스트라는 인식이 팽배합니다.

테러는 가해자의 잘못이 가장 큽니다. 하지만 무슬림에 대한 차별이 만연한 프랑스 사회를 마냥 두둔할 수는 없습니다. 왜 프랑스에서 이슬람 극단주의자들에 의한 테러가 일어났고, 자국 태생의 젊은이들이 이 테러에 적극 개입하고 있는지에 대해 고민해 볼 필요가 있습니다. 알제리 침략이라는 역사적 맥락과 이슬람 혐오 문제 등을 생각해 보면, 프랑스를 '자유 평등 우애'의 나라로만 이해하는 것이 타당한지도 다시 한번 고려해야 할 것 같습니다.

Q&A

● 오늘날 프랑스 정계에서 여성의 비율은 얼마나 되나요?

프랑스 혁명이 주는 상징성 때문인지 몰라도 막연히 프랑스에서는 여성의 정치 참여도가 상당히 높을 것이라는 기대가 있습니다. 1830년 7월 혁명 후 그려진 들라크루아의 「민중을 이끄는 자유의 여신」 속 여성의 모습이나 혹은 1968년 혁명 당시 여성 해방을 외치며 상의를 벗은 채 시위에 나선 여성의 사진, 그것도 아니면 옛날 프랑스 영화 속 카페에서 요염한 자세로 담배를 피우는 여성들의 모습을 떠올리면 프랑스 여성들이 정치 영역에서도 활약하고 있으리라 기대가 됩니다.

하지만 현실은 많이 다릅니다. 2차 세계 대전 이후, 즉 여성의 보통 선거권이 완전히 보장된 이후에도 프랑스 여성의 정치 참여도는 그리 높아지지 않았거든요. 예를 들어 1946년 하원 의원 640명 가운데 여성 의원은 40명이었습니다. 그런데 40년 가까이 지난 1981년, 최초로 사회주의 정당이 대통령을 배출한 해에도 여전히 하원 의원 485명 가운데 여성 의원은 단지 29명뿐이었습니다. 상원의 벽은 더 높았습니다. 1946년 307명의 상원 의원 가운데 여성은 22명이었으며, 1987년에는 오히려 그 수가 줄어서 고작 6명밖에 되지 않았습니다. 그럼에도 불구하고, 1991년에 프랑스 정부 역사상 최초로 여성 총리가 탄생했고, 2007년 대선에서는 처음으로 사회당 여성 후보가 2차 투표에 진출했습니다. 하지만 최근까지도 프랑스 의회 내 여성 비율은 상대적으로 매우 낮은 편입니다.

프랑스에서는 이러한 문제를 해결하고자 2000년 6월 세계 최초로 선거에서 남녀 후보의 비율을 똑같이 하는 것을 의무화하는 이른바 '남녀 동수 법안(파리테 법)'을 만들었습니다. 이후 상황이 조금 나아지긴 했지만, 유럽 주변국들에 비하면 여전히 여성 정치가의 비율이 낮은 편입니다. 2016년 기준으로 하원에서 여성이 차지하는 비율은 약 26.9%(577명 가운데 155명)이며, 상원도 25%(348명 중 87명)입니다. 이는 정치 분야 남녀 의원 수를 기준으로 순위를 매겼을 때 유럽 국가 중 15위에 해당하는 수준입니다. 정치적으로 여성의 지위가 상당히 상승했음에도 의회 내 구성을 보면 아직 갈 길이 멀어 보입니다.

● 프랑스에도 인종 차별이 있나요?

"프랑스에는 인종 차별이 없다."라는 말은 반은 맞고 반은 틀렸다고 할 수 있겠습니다. 인종 혹은 인종 차별과 관련해 프랑스는 다른 나라들과 여러 측면에서 다릅니다. 19세기 유럽에는 생물학적 인종주의, 우생학 등이 유행했습니다. 인종주의는 인간에게는 우등한 인종과 열등한 인종이 존재한다는 믿음을 바탕으로 인종 차별을 정당화했습니다. 한편 우생학은 유전 법칙을 이용한 인간 종족의 개선을 연구하는 학문으로 역시나 인종 간의 우열이 존재한다는 믿음을 바탕으로 하고 있었습니다. 나치의 대규모 유대인 학살은 인종주의와 우생학이라는 잘못된 믿음이 바탕이 되어 가능했습니다. 2차 세계 대전 이후 생물학적 의미에서 인종이라는 개념은 과학적으로 철저히 부정되었습니다. 그럼에도 불구하고 세계 곳곳에서 생물학적 인종 구분에 기반을 둔 인종 차별적 발언이나 행위가 끊임없이 벌어지고 있는 것이 현실입니다.

프랑스는 공식적으로 인종이라는 개념을 사용하지 않으려 합니다. 실제로 미국을 비롯한 여러 나라에서 '인종'이라는 표현을 매우 쉽게 들을 수 있는 반면에 프랑스에서는 거의 들을 수 없습니다. 프랑스인 대다수는 인간은 흑인종, 백인종, 황인종 등으로 구분할 수 없다고 교육받고 또 그렇게 생각합니다. 종의 구분은 개나 돼지, 닭과 같은 것에나 가능하다는 것이지요.

이러한 생각은 프랑스의 다양한 제도 속에도 녹아 있습니다. 프랑스는 공화국 헌법 제1조 1항에 적혀 있는 "출신, 인종, 종교의 구분 없이 모든 시민이 법 앞에 평등한 공화국"을 실현하기 위해 19세기 후반부터 인종에 바탕을 둔 인구 조사를 중단했습니다. 미국의 인구 조사 설문지에는 백인, 아프리카계(흑인), 아시아계, 라티노 등등의 항목이 존재하지만, 프랑스에는 그러한 항목이 존재하지 않습니다. 국가가 인종이란 개념 자체를 부정하는 것이지요. 인종에 따른 통계가 필요하다는 주장이 제기될 때마다 많은 프랑스인이 "이 땅에는 오직 하나의 인종만 있을 뿐이다. 프랑스가 여러 인종 집단을 긁어모아 만든 나라로 전락해서는 안 된다."라고 소리 높여 반대합니다.

인종별 통계를 내지 않는다고 인종 차별이 없을까요? 그렇게 믿는 사람은 아무도 없을 것입니다. 사실 프랑스에도 인종 차별은 곳곳에 있습니다. 특히 구직 활동을 할 때 사람들은 차별을 피부로 느낍니다. 이름이나 피부 색깔을 통해 드러나는 출신지의 차별로 직업을 구하기 어렵다는 호소가 여기저기서 들립니다. 최근에는 이슬람이라는 종교에 대한 차별이 더해지기도 합니다. 이렇게 보면 특정인을 차별할 때, 그것이 인종에 대한 차별인지, 종교에 대한 차별인지 혹은 출신 국가에 대한 차별인지 구분하는 것이 쉽지도 않습니다.

어느 나라나 차별을 없애기 위해 노력하고 있습니다. 프랑스는 동화주

의를 통해 모든 사람을 차별 없는 공화국의 일원으로 끌어안으려 하고,
미국이나 캐나다, 호주 등 다문화주의를 택하는 나라들은 각 인종(민족)
의 고유성을 인정하고 오히려 드러나게 함으로써 이들이 서로 평등하게
공존하는 정책을 펼칩니다. 이렇게 볼 때, 프랑스를 비롯한 많은 나라가
인종 차별이라는 문제를 해결하기 위해 각자의 방식으로 노력하고 있다
고 말하고 싶습니다.

절대 군주의 나라에서

*02 »

시민의 나라로

기원

뒤늦게 호명된 영웅 '아스테릭스'

프랑스를 상징하는 동물이 무엇인지 알고 있나요? 1998년 프랑스 월드컵 마스코트가 이 동물이어서 세상에 널리 알려졌는데요, 바로 수탉입니다. 사자나 독수리 같이 위엄 있는 동물이 아니라 어째서 수탉일까요? 이 궁금증을 해소하기 위해서는 프랑스의 기원을 더듬어 보아야 합니다.

프랑스를 상징하는 수탉

지금의 프랑스 땅의 옛 이름은 골^{Gaule}입니다. 골 지방은 고대 로마 제국의 영토에 속했는데, 라틴어로 읽으면 갈리아^{Gallia}입니다. 우리에게는 골보다는 갈리아가 좀 더 익숙하지요? 로마 황제 카이사르가 쓴 책 『갈리아 원정기』가 알려져 있기 때문일 것입니다. 로마 사람들은 이 지역에 정착한 골족 사람들을 가리켜 갈리아 사람이라는 뜻으로 '갈루스^{Gallus}'라고 불렀습니다. 갈루스는 라틴어에서 수탉이라는 뜻도 있기 때문에, 그때부터 수탉은 프랑스인들의 상징이 되었지요.

『갈리아 원정기』를 토대로, 기원전 로마인들에게 맞섰던 골족 이야기를 좀 더 자세히 해 보겠습니다. 프랑스 역사의 기원을 여기서 찾을 수 있기 때문입니다. 사실 프랑스라는 국가가 탄생한 시점이 언제인지에 대해서는 프랑스 역사가들도 견해가 서로 다릅니다. 중세 말기 카페 왕조[•]를 프랑스의 출발로 삼는 사람도 있고, 1789년 프랑스 혁명 이후 진정한 프랑스가 탄생했다고 보는 사람도 있습니다. 하지만 한 국가의 역사를 정치 체제나 영토의 측면에서만 바라볼 수는 없는 법이지요. 우리에게 단군 신화가 있듯이, 나라마다 사람들을 하나로 묶는 의미 있는 탄생 신화가 있기 마련입니다. 프랑스의 탄생 신화에는 2명의 영웅이 등장합니다.

베르생제토릭스, 골족을 통합하고 로마에 맞서다

첫 번째 영웅은 우리에게 만화 「아스테릭스^{Astérix}」로

● 987년에서 1328년까지 존립한 프랑스의 왕조. 위그 카페(Hugues Capet)가 세워 점차 프랑스를 통일해 나갔다.

더 익숙한 인물입니다. 『갈
리아 원정기』에 등장하는 골
족의 영웅 이름은 조금 발음
하기 어려운데요, '베르생제
토릭스Vercingétorix'라고 부릅
니다. 만화 주인공 아스테릭
스는 로마에 맞서 싸운 베르
생제토릭스 이야기에서 모
티프를 따온 가상의 인물이
지요.

R. GOSCINNY **Asterix** A. UDERZO

Asterix
THE GAUL

르네 고시니(René Goscinny)와 알베르토 우데르
조(Albert Uderzo)가 함께 만든 만화 「아스테릭스」
시리즈 중 하나. 주인공인 골족 전사 아스테릭스는
비록 몸집은 작지만 영리한 머리로 로마군을 혼쭐
낸다.

날개 달린 투구를 쓰고 바
지를 입은 아스테릭스의 모
습은 켈트족의 특징을 잘 나
타냅니다. 켈트족은 철기 문
화를 바탕으로 세력을 확장했습니다. 풍요로운 프랑스 땅으로 밀
고 들어온 켈트족은 그곳에 정착해 독특한 문화를 만들어 갑니
다. 골족은 프랑스 땅에 정착한 켈트족인 것입니다.

하지만 이렇게 풍요로운 땅은 누구나 차지하고 싶은 법, 그 무
렵 이탈리아반도를 통일하고 강성해진 로마 역시 갈리아 땅으로
세력을 넓히려 들었습니다. 당시 골족은 여러 부족으로 나뉘어
있었기 때문에 로마는 그 점을 활용해 야금야금 골 지방을 지배

역사

합니다. 베르생제토릭스는 분열된 골족을 하나로 모으고 로마에 맞섰습니다. 골족이 처음으로 하나가 되는 순간이었지요. 그가 이끄는 골족 군대는 카이사르를 위기에 몰아넣을 만큼 강했습니다. 로마 군대에 맞서 몇 차례 승리를 거두기도 했습니다.

그러나 하나로 모였던 골족 가운데 일부 세력은 다시 로마의 편이 되어 버리고 맙니다. 베르생제토릭스의 골족 군대는 보급품을 받지 못한 채 고립됩니다. 한 달 가까이 식량을 줄여 가며 버티지만, 배고픔을 참지 못하고 이탈하는 병사들이 발생하면서 패색이 짙어집니다. 결국 베르생제토릭스는 남아 있는 5만 3천여 명의 목숨을 살려 주는 대신 자기 목숨을 내놓는 조건으로 로마에 항복합니다. 그 후 베르생제토릭스는 6년간 감옥에 갇혔다가, 카이사르가 로마로 돌아가 승리를 기념하는 순간 죽음을 맞았습니다.

베르생제토릭스의 패배 이후 분열과 대립을 거듭하던 골 지방은 완전히 로마의 세력 아래 놓입니다. 골족은 시간이 지날수록 선진 로마 사회의 여러 장점을 인정하고 로마에 대한 적개심도 거두어들였습니다. 언어와 생활 방식도 점차 로마화되어 마침내 로마 시민권을 획득하기에 이릅니다. 골족 출신 귀족들이 로마 원로원에 들어가는 것도 가능해졌지요. 특히 귀족들은 로마에 동화되는 속도가 민중에 비해 더 빨랐습니다. 로마식 이름을 딴 귀족들이 중심이 되어 골 지역을 분할 통치하면서 골족의 기존 문화에 로마의 라틴 문화가 더해져 '갈로 로마 문화'라는 새로운 문화도 생겨났습니다.

　프랑스인들에게 로마인은 흔히 침략자로 치부되지만 사실상 프랑스는 로마의 영향을 상당히 많이 받았으며, 그 흔적이 곳곳에 남아 있습니다. 프랑스어의 85% 정도가 라틴어에 기원을 둔 것만 보더라도 그 영향력을 짐작할 수 있지요. 우리나라가 한자 문화권에 속하는 것과 비슷합니다. 또한 촘촘한 도로망, 원형 경기장, 수로 등 당시 로마가 만든 유적들도 프랑스 땅에 많이 남아 있습니다. 하지만 무엇보다 로마인들이 골족에 준 최대의 선물은 바로 민족 통합입니다. 로마의 지배를 받게 되면서 골 지방에 평화가 찾아왔습니다. 골족 전사들 간의 대립이 심해져 부족 간 전쟁으로 치닫는 상황이 더는 없게 되었습니다. 로마가 누렸던 2세기 동안의 태평성대 '팍스 로마나Pax Romana'는 골 지방에도 평화를 가져다주었고, 이후 서로 다른 개성을 지니면서도 한 가족처럼 연결된 프랑스가 탄생하는 기반이 마련되었습니다.

프랑크 왕국을 이끈 클로비스

　　　프랑스 탄생 과정에서 손꼽히는 두 번째 영웅은 골 지방을 평정하고 프랑크 왕국을 이끈 클로비스입니다. 학술적 논쟁은 있지만, 일반적으로 프랑스라는 이름이 바로 이 프랑크에서 온 것으로 알려져 있지요.

'팍스 로마나' 시기가 끝나고 로마 제국의 정치적 힘이 약해지면서 골 지방 여기저기서 체제에 대한 반발이 일어났습니다. 게다가 4세기 후반부터 이곳으로 게르만족이 엄청나게 몰려듭니다. 중앙아시아에 기반을 둔 훈족이 파죽지세로 동유럽에 몰아닥치자 게르만족이 터전을 잃고 서쪽으로 대거 이동하기 시작했습니다. 로마화된 프랑스의 입장에서 보자면 야만인인 게르만족이 침입한 것이었겠지요.

풍요로운 골 지방은 이민족들의 구미를 당기기에 충분했기 때문에 프랑크족 등 몇몇 게르만족은 이미 3세기가 지나면서부터 이곳에 들어와 있었습니다. 그 가운데서도 클로비스가 이끄는 프랑크족은 4세기 후반부터 이미 로마에 협력하며 다른 게르만 부족들을 막아 내는 임무를 맡았습니다. 그래서 로마인들이나 로마화된 골족의 입장에서 클로비스의 부족은 더 이상 야만족으로 여겨지지 않았습니다.

30여 년간 프랑크족을 이끌던 클로비스는 계속 영토를 확장해 나가다가 마침내 센강과 루아르강 북쪽의 골 지방을 거의 모두 차지하게 됩니다. 따라서 클로비스는 훗날 프랑스라 불리게 되는 땅을 통합한 최초의 인물이라고 할 수 있습니다.

영토 통합 외에 클로비스는 어떤 업적을 남겼을까요? 우선 갈로 로마의 선진 문화를 프랑크 고유문화에 결합한 일이 중요합니다. 갈로 로마계 귀족과 성직자를 우대해 등용했고, 로마의 행정

가톨릭으로 개종한 클로비스가 세례를 받는 모습. 군사적인 정복을 통해 프랑크 왕국을 세운 클로비스는 골 지역에 널리 퍼진 가톨릭을 받아들임으로써 인민의 마음을 얻을 수 있었다.

조직을 적극 도입하여 프랑크 왕국의 통치 기반을 다졌습니다. 클로비스는 로마의 선례를 많이 따랐습니다. 로마 제국이 정치적 수도를 로마로 정했듯이 파리를 프랑크 왕국의 수도로 정하기도 했는데, 이는 당시 게르만 왕국에서는 거의 존재하지 않던 관습이었습니다. 이때 이후로 파리가 프랑스의 중심 도시로 부상했지요.

클로비스의 또 다른 업적은 바로 가톨릭으로 개종하고 세례를 받은 것입니다. 클로비스는 게르만족 왕 가운데 처음으로 정통 가톨릭으로 개종한 사람입니다. 이로써 클로비스는 골 지방의 주교와 귀족, 인민에게서 비교적 수월하게 지지를 얻을 수 있었습니다. 클로비스가 세례를 받고 나서 성유를 바르는 특별한 의식

역사

지금의 랭스 성당이 위치한 자리는 고대 로마 시대의 목욕탕이 있던 곳이다. 랭스 성당은 유네스코 세계 문화유산으로 등재되어 있다.

을 치른 장소가 바로 파리에서 동쪽으로 약 160킬로미터 떨어진 곳에 위치한 랭스 성당입니다. 그 이후부터 랭스 성당은 프랑스 국왕들이 대관식을 하고 국왕임을 공식적으로 알리는 특별한 장소가 됩니다.

왕정 시기까지만 해도 클로비스는 프랑스 왕국과 가톨릭교회를 결합시킨 최초의 왕이자 프랑스인의 조상으로 여겨졌습니다. 하지만 프랑스 혁명으로 신분제가 사라지면서 프랑크족 전사의 후예임을 강조하던 귀족의 신분적 특성은 자랑할 만한 것이 아니게 됩니다. 19세기의 낭만주의자와 공화주의자들이 보기에 클로비스는 야만족의 우두머리일 뿐이었습니다. 시대가 바뀌니 가톨릭 국왕을 프랑스의 영웅으로 내세우기도 힘들어졌습니다. 왕들은 이제 과거의 유물이 되어야 했으니까요. 결국 프랑스인들은 베르생제토릭스라는 새로운 영웅을 찾아냅니다.

특히 제3공화국 당시의 프랑스는 1870년 프로이센과 치른 전쟁에서 패배하면서 얻게 된 수치심을 어떻게든 극복하고 싶었습니다. 프랑스의 영광을 드높이면서 자존심을 세워 줄 존재가 필요했던 것이지요. 그래서 이전까지는 크게 알려지지 않았던 베르생제토릭스 이야기에 애국주의적 가치를 부여합니다. 사실 『갈리아 원정기』에는 베르생제토릭스가 골족을 배신하고 로마에 협력한 내용도 나오지만 이 전력은 거의 드러내지 않지요. 그리하여 골족의 전사 베르생제토릭스는 침략자에 맞선 저항의 상징이자 프랑스의 첫 번째 영웅 자리를 꿰차게 된 것입니다.

이처럼 프랑스의 기원을 찾는 일은 단순히 역사적인 사실을 늘

역사

어놓는 것보다 훨씬 복잡한 문제입니다. 엄밀한 의미에서 골족 베르생제토릭스와 프랑크족 클로비스는 프랑스를 아직 프랑스라고 부르기 어려웠던 시기, 먼 옛날의 사람들입니다. 하지만 많은 사람에게 이 둘은 프랑스의 영혼을 상징하는 존재로 여겨집니다. 프랑스를 현재와 같은 모습으로 만드는 데 중요한 역할을 한 인물들로 말입니다.

백 년 전쟁

외부의 적이 만들어 낸 국민감정

백 년 전쟁이란 1337년부터 1453년까지 무려 116년 동안 프랑스와 영국 사이에 벌어진 전쟁을 말합니다. 아, 이때는 영국이라고 말하기보다 잉글랜드라고 부르는 게 맞겠습니다. 잉글랜드가 스코틀랜드, 웨일즈, 아일랜드 북부를 통합해 가며 영국이라는 이름을 얻게 되는 것은 훨씬 뒤의 일이니까요. 아무튼 백 년 동안이나 전쟁을 했다니, 상상하기조차 어렵지요? 사실 백 년 내내 끊임없이 싸웠던 것은 아닙니다. 재정 부족과 페스트의 유행 등을 이유로 전쟁이 여러 차례 중단되기도 했으니까요. 실제 전투가 벌어지던 기간만 따지면 약 30년 정도 된다고 합니다.

이런 기나긴 전쟁이 왜 일어났을까요? 표면적으로는 왕위 계승을 둘러싼 논란이 계기였지만, 실은 두 나라 사이에 오랫동안 얽혀 있던 정치적, 경제적 갈등이 이유였습니다. 제일 큰 문제는 프랑스 영토 중 일부를 잉글랜드 왕이 다스리고 있었다는 사실입니다. 어떻게 이런 일이 가능했을까요? 이를 이해하기 위해서는 서양 중세 사회의 정치 질서인 봉건 제도를 먼저 들여다봐야 합니다.

봉토를 받고
충성을 서약하다

봉건 제도는 '봉토'라 불리는 토지가 핵심이 되는 계약입니다. '봉토'를 받은 기사는 '가신'이 되어 그 땅을 하사한 '주군'에게 여러 의무를 다합니다. 주군이 일으킨 전쟁에도 참여해야 하지요.

프랑스 군대는 처음에는 보병 중심이었지만 8세기 무렵부터는 이슬람 세력에 맞서기 위해 말을 타고 싸우는 기병 위주로 전투 방식을 바꿨습니다. 숙련된 기병이 되려면 값비싼 장비를 갖추어야 하고 지속적으로 훈련에 몰두해야 합니다. 따라서 제대로 된 전투력을 얻기 위해서는 기병과 그 가족의 생계를 보장해 주어야 했습니다. 그래서 기사들에게 왕의 토지 일부와 교회가 보유한 토지를 하사하는 대신, 그들에게서 충성 서약을 받는 제도가 생거난 것입니다. 통치자는 토지를 매개로 왕국 방어 체계를 구축한 셈이니 필요할 때 가신들에게 군사적 지원을 요청할 수 있었습니다. 이렇게 세워진 봉건 제도는 이후 중세 프랑스 왕국의 근간을 이룹니다.

그런데 주군과 가신의 관계는 원칙적으로 상호 의무와 권리에 근거한 계약에 따른 것이었으며, 아무리 주군이라 해도 한번 하사한 봉토에 대해서는 간섭할 수 없었습니다. 가신인 기사는 자기 영지에서 세금을 거둘 수 있었고 그 땅에 사는 농민들에 대해서도 절대적인 권한을 행사했습니다. 받은 봉토를 물려줄 수도 있었지요. 사실 처음에는 봉토를 세습하는 것이 불가능했지만 가문의 영광을 꾀하려는 가신들이 지속적으로 요구해서 10세기 무렵부터는 세습이 가능해졌습니다. 가신들은 결혼, 상속, 매매 등으로 영토를 넓히면서 세력을 키워 갔습니다.

한편 국왕은 원래 게르만의 전통인 균분 상속°의 원칙에 따라 왕자들에게 왕국을 나누어 주었는데, 그러다 보니 왕국이 분할되어 왕권이 점차 약해졌습니다. 이 당시 세력이 커진 기사들은 '영주'라고 불렸습니다. 영주들은 자기 영지에서만큼은 군사권, 조세권, 외교권, 재판권, 화폐 주조권 등 거의 왕과 다름없는 권한과 지위를 누렸습니다. 그 때문에 봉건제 위계질서의 정점에는 왕이 있었지만 실질적으로는 자신의 왕국 전역에서 힘을 발휘할 수는 없었지요. 점차 세력이 약해진 프랑스의 왕은 11세기에 이르면 파리와 주변 지역을 비롯한 자신의 영지에서조차 제대로 권한을 행사하기 어려웠습니다. 12세기 중반에 왕의 영지가 확대되기는 했지만 여전히 몇몇 대영주들은 왕과 어깨를 나란히 할 만큼 강한 세력을 형성하고 있었습니다.

성장한 영주
왕위를 탐내다

다시 백 년 전쟁으로 돌아가 볼까요? 1066년에 잉글랜드를 정복하여 왕이 되는 윌리엄은 봉건적인 질서에 따르면 노르망디 지역의 영주로, 프랑스 왕을 주군으로 모시는 가신이었습니다. 프랑스에서는 노르망디 공작이지만 잉글랜드에서는 왕인 상황이었지요. 봉건 제도 아래에서는 이런 일이 가능했습니다. 그 이후 수 세기가 흐르면서 윌리엄의 뒤를 이은 잉글랜드 왕들은 프랑스 영토 내의 영주들과 혼인을 맺으며 결속하기도 합니다. 그 결과 12세기 중반 잉글랜드의 왕은 프랑스의 대영주로서 노르망디뿐 아니라 가스코뉴, 아키텐 등 비옥한 남프랑스 영토의 상당 부분을 소유하게 되었습니다. 프랑스 왕과 대적할 만큼 큰 영토를 차지하게 된 것입니다.

그리하여 14세기경에 이르면 양국은 더 이상 전통적인 주군과 가신의 관계를 유지하기 어려워집니다. 프랑스 왕은 가신들의 세력을 점차 약화시키면서 왕권을 다지려고 노력하던 터였기에, 자국 영토 안에 잉글랜드 왕의 드넓은 영지가 있다는 것이 탐탁지 않았습니다. 잉글랜드 왕 역시 자신이 공식적으로는 여전히 프랑스 왕의 가신이라는 사실에 자존심이 상해 있었습니다.

잉글랜드가 경제적으로 지배하고 있던 플랑드르 지방도 갈등의 원인이었습니다. 당시 유럽 최대의 모직물 산업 지역이었던 플랑드르 지방은 유럽 최대 양털 수출국이던 잉글랜드 입장에서 매우 중요한 곳이었습니다. 하지만 플랑드르의 영주는 공식적으로는 프랑스 왕의 가신이었습니다. 프랑스 왕은 잉글랜드 왕의 세력 아래 있는 이 지역에 대한 영향력을 확대하고자 했습니다. 잉글랜드로서는 알토란 같은 플랑드르 땅을 노리는 프랑스를 더는 가만둘 수 없었겠지요. 이런 상황에서 프랑스의 왕 필리프 4세의 아들 셋이 모두 대를 이을 자식 없이 사망하자 프랑스에 더 이상 카페 왕조의 공식적인 왕위 계승자가 없는 사태가 발생합니다. 그러자 필리프 4세의 외손자였던 잉글랜드 왕 에드워드 3세가 프랑스 왕위 계승 자격을 요구합니다. 이것이 116년이나 지속되는 전쟁의 계기가 되었습니다.

잉글랜드의 왕이 프랑스의 왕위를 잇는 것을 원치 않았던 프랑스 귀족들은 게르만의 전통 법에 "여성은 토지 상속이 불가하다."라는 항목이 있다는 사실을 들어 에드워드 3세의 요구를 묵살합니다. 결국 에드워드 3세의 어머니이자 필리프 4세의 딸인 이사벨라의 왕위 계승권이 부정되고, 카페 왕조의 먼 친척인 발

역사

루아 가문이 왕위를 이어받았습니다. 이로써 프랑스에서는 잉글랜드와 달리 여성이 왕이 되는 일이 불가능해집니다. 이사벨라는 이 결정에 항의했지만, 구체적으로 왕위 계승권을 주장할 만한 단서를 찾지 못했습니다. 결국 에드워드 3세는 가신으로서 프랑스 왕을 주군으로 모시는 봉건적인 관계를 인정할 수밖에 없었습니다.

왕위 계승권을 둘러싼
백 년의 전쟁

　　　　이로써 양국은 사소한 문제로도 전쟁이 일어날 수 있는 긴장 관계에 들어섭니다. 이런 상황에서 발루아 가문 출신으로 프랑스 왕위에 오른 필리프 6세는 에드워드 3세가 가신의 의무를 소홀히 했다는 핑계를 대며 가스코뉴 지역을 몰수합니다. 에드워드 3세는 필리프 6세의 도발에 맞서 마침내 프랑스 왕과 맺었던 주종 관계를 끊고 다시금 프랑스 왕위 계승권을 주장하면서 전쟁을 선포합니다. 백 년 전쟁이 시작된 것이지요.

당시 프랑스는 잉글랜드에 비해 인구가 서너 배나 많았으며 넓고 비옥한 곡물 산지를 보유하고 있었습니다. 또한 프랑스 영토에서 싸웠기 때문에 바다 건너에서부터 군대를 동원해야 했던 잉글랜드보다 유리한 입장이었지요. 그럼에도 전쟁을 치르는 내내 우세한 쪽은 잉글랜드였습니다. 오랜 기간 프랑스는 잉글랜드에 고전을 면치 못했습니다.

　가장 큰 이유는 대영주들의 내분이었습니다. 프랑스 내에 잉글랜드와 손을 잡은 지역이 생기면서 프랑스 왕이 동원할 수 있는 실제 병력이 부족해진 것이지요. 잉글랜드의 새로운 무기도 한몫했습니다. 프랑스 왕위를 얻으려는 야망을 키우던 에드워드 3세는 프랑스와 벌일 전쟁에 대비하여 오랫동안 군대와 무기를 준비했습니다. 자영농들에게 당시 사용하던 것보다 훨씬 긴 활을 지급해 훈련한 것입니다. 장궁으로 불리는 이 새로운 활은 발사 속도가 빠르고 그 위력이 강해서 프랑스 군대의 핵심이던 중무장한 귀족 기사들을 무용지물로 만들었지요. 기사들은 더 두꺼운 갑옷과 투구로 무장했지만 소용이 없었습니다. 오히려 옷이 너무 무거워져서 상황에 재빠르게 대처하는 능력이 떨어졌습니다. 한번 말에서 떨어지면 혼자 힘으로 몸을 일으키기조차 힘들었다고 하니까요.

잔 다르크의 등장
국민감정의 시작

　　　　1429년 무렵 프랑스는 최악의 상황에 놓여 있었습니다. 수도 파리를 비롯한 북부 프랑스는 모두 잉글랜드가 장악하고 있었습니다. 1422년 이후 스스로 왕이라 칭하던 샤를 7세는 랭스 성당에서의 축성식은커녕, 파리 근처에도 가지 못하

잔 다르크는 '신이 함께 한다.'라는 뜻의 문양이 새겨진 깃발을 들고 전장에 나섰다. 깃발을 든 잔 다르크의 존재는 프랑스 군인들에게 신이 지켜줄 것이라는 믿음과 용기를 주었다.

는 입장이었지요. 게다가 1428년에는 중요한 지역인 오를레앙마저 잉글랜드에 빼앗깁니다. 프랑스는 저항의 의지를 잃어 가고 있었습니다.

이때 로렌 출신의 시골 소녀 잔 다르크 Jeanne d'Arc가 등장합니다. 당시 17살이었던 잔 다르크는 왕이 머물던 시농 성에 찾아와 자신이 신의 계시를 받았다고 주장합니다. 샤를 7세는 잔 다르크를 시험하기 위해 시종의 복장으로 옷을 바꾸어 입고 신하들 사이에 숨어 있었습니다. 놀랍게도 잔 다르크는 왕의 옷을 입은 신하는 쳐다보지도 않고, 곧바로 샤를 7세를 찾아내 경의를 표했다고 합니다. 잔 다르크의 등장은 프랑스의 사기를 돕우는 데 큰 역할을 했습니다. 갑옷을 입고 전장에 나선 잔 다르크의 모습에 용기를 얻은 프랑스군은 오를레앙을 되찾고 승기를 잡아 갔습니다.

그뿐 아니라 잔 다르크는 샤를 7세가 랭스 대성당에서 공식적인 대관식을 치를 수 있도록 했습니다. 당시 샤를 7세는 정신 착란 증세를 보이던 부친 샤를 6세에게서 왕위를 물려받긴 했지만 정통성을 의심받던 터였고, 대관식도 제대로 못한 상태였기 때문에 왕좌가 불안했거든요. 그러한 상황에서 랭스 대성당에서의 대관식은 왕권의 위상 확립에 큰 역할을 했습니다.

하지만 1431년, 잔 다르크는 정치적 책략에 의해 잉글랜드 손에 넘어가 마녀로 규정된 채 화형당합니다. 그 뒤 500년이 지난 1920년에 로마 교황청은 그녀를 성녀로 추대하지요. 현재 프랑스인들에게 잔 다르크는 프랑스를 위기에서 구해 낸 중요한 인물로 여겨집니다.

백 년 전쟁을 계기로 프랑스 사람들은 점차 잉글랜드 사람을 외국인으로 생각하고 프랑스 왕 이외의 다른 군주를 섬기고 싶어 하지 않게 되었습니다. 오랜 전쟁이 잠재되어 있던 원시적 형태의 국민감정을 불러낸 것입니다. 전쟁이 길어지면서 프랑스 땅은 방화와 약탈, 전염병 등으로 황폐화되었지만, 왕의 입장에서 보면 얻은 것도 많았습니다. 백 년 전쟁은 왕권을 강화하고 왕정의 기틀을 다지는 기회가 되었으니까요. 무엇보다 왕이 상비군을 가져야 하는 명분이 생겼고, 이로써 왕이 세금을 거두어들일 수 있는 권한이 인정되어 전국적 범위의 조세권이 확립됩니다. 이는 왕에게 지속적인 수입원이 생겼다는 뜻입니다. 또한 상비군이 생겼으니 기사들에게 군사 지원을 요청할 필요가 없어졌지요.

　이제부터는 왕의 권한이 상당히 강화됩니다. 영주를 자칭하던 기사들의 위세는 사그라들어 결국 왕권에 흡수됩니다. 특히 백년 전쟁 말기에 등장한 신무기인 대포 때문에 기사들은 설 자리를 잃어버립니다. 대포로 성벽을 무너뜨리는 새로운 전투 방식에 맞추어 군을 보병 중심으로 재편할 수밖에 없었거든요. 그리하여 프랑스 왕은 잉글랜드가 차지했던 프랑스 영토를 대부분 되찾고, 오랜 전쟁으로 생긴 반잉글랜드 정서를 발판 삼아 프랑스만의 국민감정과 정체성을 만들어 나가게 되었습니다.

절대 왕정

부와 권력이 함께한 프랑스의 세기

　　루이 14세가 다스리던 17세기의 프랑스를 흔히 '절
대 왕정'이라고 부릅니다. 이 시기는 프랑스의 세기라고 해도 과
언이 아닐 만큼 유럽에서 프랑스의 영향력이 컸습니다. 그런데
'절대'라는 단어에서 카리스마가 느껴집니다만, 사실 유럽의 절
대 군주들이 이집트의 파라오나 중국의 황제처럼 막강한 권력을
가졌던 것은 아닙니다. 절대주의를 이론화한 프랑스 법학자들은
"군주는 신에 대해서만 책임을 지며 세속의 영역에서는 군주의
상위 권력을 인정하지 않는다."라고 규정했지만 현실은 달랐습니
다. 제아무리 왕이라고 해도 왕위 상속에 관한 규율이나 왕의 영

지에 관한 법규 등 왕국 고유의 관습법을 존중해야 했으니까요.

그러니까 여기에서 '절대'라 함은 국왕이 전제주의적 폭군처럼 권력을 행사했다기보다, 더 이상은 봉건 영주들과 권력을 공유하지 않고 자신에게 권력을 집중시키게 되었다는 의미로 볼 수 있습니다. 중세와 비교하면 왕의 권력이 상당히 강해져서 정치적인 대립이 발생했을 때 왕이 자기 의지를 관철시킬 가능성이 높아진 것이지요. 프랑스 군주들이 어떻게 권력을 키워 갔는지 그 방법을 하나씩 들여다보기로 합시다.

유럽의 패권국
이탈리아, 에스파냐, 프랑스

자, 유럽의 근대사를 따라가면서 프랑스의 국운을 가늠해 봅시다. 서양사에서는 흔히 근대의 시작점으로 르네상스, 종교 개혁, 지리상의 발견 이렇게 세 가지를 꼽는데요, 근대 초기 이를 주도한 나라는 이탈리아와 에스파냐입니다.

이탈리아는 중세의 신 중심적 사고와 가치관에서 벗어나 인간에 집중하면서 다시 태어난다는 뜻의 '르네상스' 운동을 일으켰습니다. 인간의 능력에 대한 확신과 자신감으로 무장한 이 새로운 사상 덕분에 그간 배척되어 온 고대 그리스 로마의 고전들이 빛을 보게 되었지요.

하지만 이탈리아는 유럽 근대사의 주인공이 되지 못합니다. 프랑스와 에스파냐가 이탈리아 땅을 서로 차지하겠다며 전쟁을 벌인 탓입니다. 이탈리아는 황폐화되고 점차 세력이 약화되었습니다. 이탈리아의 가장 큰 문제는 여러 도시 국가로 분열되어 있었다는 점입니다. 통일된 국가가 아니다 보니 힘을 쓸 수 없었던 것이지요.

그런가 하면 이베리아반도에 자리 잡은 에스파냐는 수백 년 동안 이슬람 세력을 몰아내려 애쓴 덕에 다른 나라보다 일찍 왕권이 강해졌습니다. 콜럼버스의 항해로 알려졌듯 포르투갈과 더불어 신대륙 발견의 주인공이기도 했고, 선진 문명이었던 이슬람에서 농업 기술을 받아들인 덕분에 농업 생산성도 높았습니다. 하지만 이슬람 세력과의 전쟁 과정에서 종교적 엄격성이 과도해지면서 에스파냐 역시 점점 국력이 쇠하고 맙니다.

반면 프랑스는 이 두 나라에 비해 늦었지만 서서히 강대국이 되어 갑니다. 백 년 전쟁을 겪으면서 강력한 왕권의 기반을 다진 덕분에 16세기부터는 해외로 눈을 돌릴 여유가 생깁니다. 특히 경제적, 문화적으로 앞서 있던 이탈리아에 눈독을 들였지요. 프랑스는 이탈리아 땅을 차지하기 위해 15세기 후반부터 수십 년간 에스파냐와 전쟁을 벌입니다. 초반에는 프랑스가 크게 승리한 적도 있습니다. 하지만 에스파냐가 오스트리아 합스부르크 가문*과 혼인으로 연결되면서 신성 로마 제국의 주인이 되는 바람에 프랑스는 이 싸움에서 결국 패배합니다. 비록 정치적 야망은 이루지 못했지만, 이탈리아 땅에서 벌인 전쟁 덕분에 프랑스에는 이탈리아의 르네상스 문화가 본격 유입됩니다.

프랑수아 1세,
르네상스를 들여오다

프랑수아 1세는 이탈리아 문화를 프랑스에 들여와 세련된 프랑스 문화의 기반을 만들었습니다. 콜레주드프랑스라는 고등 교육 기관을 세우고 문인들을 후원했으며 레오나르도 다빈치Leonardo da Vinci와는 각별한 관계를 유지했지요. 「모나리자」를 프랑스가 보유하고 있는 것도 바로 이 때문입니다.

프랑수아 1세는 중앙 집권적인 통치의 틀도 마련했습니다. 프랑스 내에 존재하던 지역별 방언을 금지하고 프랑스어를 사용하게 했습니다. 또한 성직자 임명권을 교황과 공동으로 행사하는 협약을 맺음으로써 왕권을 강화했습니다. 당시 프랑스 왕실에서는 관직을 판매하기도 했습니다. 사실 관직 매매는 14세기부터 존재해 왔는데, 프랑수아 1세는 왕실 수입을 확보한다며 아예 관직 매매를 담당하는 부서를 만들어 버렸습니다. 이로써 경제력 있는 부르주아*들이 관직 서임장을 사서 관료로 진출할 수 있었지요.

관직 매매는 이후 프랑스 절대 왕정 역사에서 중요한 역할을 차지합니다. 처음에는 주로 재정직이 매매되었지만, 점차 사법직

● 중세 유럽 도시의 부유한 평민.

레오나르도 다빈치의 죽음을 슬퍼하는 프랑수아 1세의 모습.

으로도 매매의 범위가 확대됩니다. 그런데 고등 법원 판사와 같은 고위 관직은 귀족들이 맡는 자리였습니다. 결국 부르주아 입장에서 관직 매매는 관료로 진출해 정치적 꿈을 이루고, 평민에서 귀족으로 신분 상승을 이루는 길이었습니다. 왕의 입장에서는 재정도 확보하고, 부르주아 출신 귀족들을 통해 전통 귀족 세력을 견제할 수도 있으니 일석이조인 셈이었지요.

종교 분쟁은 없다!
가톨릭으로 개종한 앙리 4세

　　절대 왕정을 향한 여정에서 중요한 또 한 명의 인물은 앙리 4세입니다. 프랑스 종교 분쟁에 종지부를 찍었기 때문입니다.

　이웃 나라의 신부 마틴 루터^{Martin Luther}가 가톨릭의 악습을 깨면서 시작된 종교 개혁[*]의 불씨는 프랑스로 이어졌습니다. 프랑스의 신교도 대다수는 위그노라 불리는 칼뱅파 교도였습니다. 프랑스에서도 구교인 가톨릭 세력과 신교인 위그노 세력의 갈등은 심각했습니다. 당시 프랑스 왕비이던 카트린 드메디시스^{Catherine de Médicis}는 종교 분쟁으로 황폐화되던 프랑스를 안정시킬 목적으로 딸 마르그리트^{Marguerite de France}를 나바르의 왕 앙리^{Henri de Navarre}와 결혼시킵니다. 앙리는 위그노 지도자 중 한 사람이었습니다. 그러나 두 사람의 결혼식은 피의 결혼식이 됩니다. 결혼식에 참석하러 온 위그노들을 파리의 가톨릭교도들이 죄다 잡아 죽이는 사건이 벌어진 것입니다. 이것이 '성 바르톨로메오 학살'입니다.

　마르그리트와 결혼한 앙리는 이후 왕들이 잇따라 요절하고 왕위 계승자마저 사망하면서 프랑스 왕위를 이어받습니다. 앙리 4세가 된 그는 1593년 가톨릭으로 개종했고, 1594년 샤르트르 대성당에서 대관식을 함으로써 프랑스 국왕으로서 위상을 다집니다. 참고로 앙리 4세는 랭스 성당이 아닌 다른 곳에서 대관식

● 16세기 유럽에서 로마 가톨릭교회에 반대해 일어난 개혁 운동. 종교 개혁의 결과 프로테스탄트 교회가 성립되었다.

을 한 유일한 왕입니다. 당시 랭스가 앙리 4세의 적대 세력인 가톨릭 동맹의 수중에 있었기 때문에 어쩔 수 없는 선택이었지요.

앙리 4세는 정치적 필요에 의해 가톨릭으로 개종하기는 했지만 신교도에 대한 배려를 잊지 않았습니다. 예컨대 1598년에는 낭트 칙령을 내려 신교도에게도 공직에 오를 권리를 주고 일정 지역에서 자유롭게 예배를 볼 수 있게 허락했습니다. 또한 신교도였던 쉴리Sully를 재상으로 영입했습니다. 쉴리는 농업을 장려하고 새 도로를 내는 등 경제 활동이 원활해질 수 있도록 힘쓰면서 나라를 부유하게 만들었습니다.

관직 매매로
두 마리 토끼를 잡다

프랑수아 1세 때 관직 매매가 본격화되었다고 했지요? 앙리 4세 때부터는 돈 많은 부르주아들이 매매한 관직을 자식에게 물려줄 수 있는 길도 열립니다. 관직 상속세, 일명 '폴레트 세'가 신설되었는데, 이는 관직을 보유한 사람이 해마다 관직 가격의 60분의 1에 해당하는 세금을 내면 그 관직을 양도할 수 있게 한 제도입니다. 왕이 필요에 따라 관직을 계속 만들어 낼 수 있었기 때문에 관직의 수는 계속해서 늘어났습니다. 말단직의 경우 관직 자체를 혼수의 일부로 여길 정도로 관직 매매가 횡행합니다.

관직 판매를 통해 거두어들이는 세금에다 상속을 위한 세금까지 더해지면서 관직 매매는 왕실 재정에 큰 보탬이 되었습니다. 게다가 관료제는 대영주 귀족들의 정치적 권력을 축소하고 전 국토에 왕권이 미치도록 해야 했던 절대 왕정 초기에 매우 중요한 제도였습니다. 특히 프로테스탄트에서 가톨릭으로 개종하면서 프랑스 왕으로서의 권위를 세워야 했던 앙리 4세에게 관료제는 중요한 문제였지요. 관료제는 절대 군주의 든든한 오른팔이었던 것입니다.

하지만 시간이 지나면서 관직이 사유 재산처럼 되어 버리는 문제가 생겼습니다. 관직 매매를 통해 이루어진 거대한 관료 조직이 점차 자기네 이권을 지키려고 독자적으로 행동하는 이익 집단이 되어 버린 것이지요.

과시하는 권력자
루이 14세

태양왕이라고 불리는 절대 군주 루이 14세 이야기로 넘어가 봅시다. 루이 14세는 겨우 5살에 왕위에 올랐습니다. 관례대로 섭정을 했지요. 어머니 안 도트리슈Anne d'Autriche와 재상 마자랭Mazarin이 왕의 뒷배가 되어 통치한 것입니다. 이 무렵 왕권을 강화하려는 움직임에 불만을 품은 귀족들과 자유주의적 성향의 파리 고등 법원 법관들을 중심으로 두 차례나 난이 일어나기도 했습니다. 어린 왕 루이는 그때마다 궁 밖으로 피신했습니다. 루이 14세는 강력한 왕권의 필요성을 절감합니다.

루이 14세의 귀족 통제 정책은 매우 독특했습니다. 지방 귀족들을 매일 베르사유궁으로 불러들여 사냥과 연회에 참석하게 한 것입니다. 그런데 이 연회에 참석하려면 특정한 격식과 예의를 갖추어야 했습니다. 예를 들면, 궁정에 들어갈 때는 굽 높은 빨간 구두를 신어야 했고, 가발을 써야 했으며, 얼굴에 하얗게 분을 발라야 했습니다. 지방에 자기 성을 놔두고 베르사유 근처에 살면서 루이 14세가 만들어 내는 유행을 따라야 했던 귀족들은 옷, 가발, 춤 등 연회에 참석하기에 걸맞은 모습을 갖추는 데 많은 돈을 썼습니다. 그렇게 가산을 탕진할수록 귀족들은 왕의 연금에 기대게 되었습니다. 연회 식탁에 앉는 순서마저 정해져 있었는데, 이 순서가 자꾸 달라졌기 때문에 그때마다 왕의 총애 정도를 가늠할 수 있었다고 합니다.

이와 같이 왕은 지방 귀족들을 중앙으로 불러들여 눈에 보이는 곳에 귀족들을 둔 채 감시하고 통제했습니다. 루이 14세의 궁정 생활과 귀족 통제법은 주변 군주들의 부러움을 샀고, 루이 14세는 절대 군주의 롤 모델로 여겨졌습니다. 베르사유궁을 모방한 궁이 지어졌고, 루이 14세의 화려한 옷차림은 유행이 되었지요.

루이 14세가 이와 같이 강력한 왕권을 세울 수 있었던 데는 재상 콜베르Colbert의 경제 정책이 큰 역할을 했습니다. 수출을 늘리

베르사유궁에 있는 거울의 방은 길이 73미터, 너비 10.4미터, 높이 13미터 규모의 넓은 공간이다. 결혼식, 외국 사신의 접견 등 왕실의 주요 행사가 이곳에서 열렸다.

고 수입을 억제해 국부 유출을 막고, 전쟁을 대비해 자급자족할 여건을 만드는 것이 그의 목표였습니다. 콜베르는 국내 공업을 육성했고, 국립 아카데미를 만들고 외국인 기술자도 적극 유치했지요. 상업 발전에 유리한 환경을 만들기 위해 도로와 운하, 항만 등을 정비하는 데에도 힘썼습니다.

　베르사유궁에서 가장 유명한 곳 중 하나는 '거울의 방'입니다. 그 전까지 프랑스에서 유리는 이탈리아에서 수입하는 값비싼 물건이었습니다. 하지만 콜베르가 이탈리아의 기술을 몰래 들여온 덕분에 거울을 만들 수 있게 되면서 어마어마한 양의 거울을 부착한 화려한 방이 완성될 수 있었다고 합니다.

절대 군주는 영원할 수 없다

콜베르의 경제 정책으로 국부가 늘어나면서 루이 14세는 프랑스 절대 왕정의 절정기를 누렸습니다. 하지만 끊임없이 이어지는 전쟁과 궁정의 사치로 왕실 재정은 점점 어려워집니다. 더욱이 강력한 왕권을 추구하며 종교적 통일을 꾀하던 루이 14세는 낭트 칙령을 폐기하는데, 이것이 프랑스 경제에 악영향을 미쳤습니다. 종교적 탄압을 두려워한 많은 신교도가 프랑스를 떠나 영국, 프로이센 등 주변 신교 국가로 가 버렸기 때문입니다. 이 중 상당수가 경제 활동 종사자이거나 기술을 가지고 있는 사람들이어서 프랑스로서는 고급 인력이 유출된 셈이었지요. 반면에 이민자들을 받아들인 주변 국가들은 간접적으로 그 혜택을 보게 됩니다.

화려한 절대 군주로 살던 루이 14세의 마지막은 더 이상 화려하지 않았습니다. 재정 적자를 메우기 위해 여러 제도를 마련했지만 효과가 없었고, 재산가들에게서 세금 수입을 담보로 빚을 내 모자란 재정을 꾸려 나가는 비정상적인 방법이 지속되었지요.

루이 16세 때에 이르면 한 해 재정 수입을 모조리 이자 갚는 데 써야 할 만큼 왕실 재정이 어려워집니다. 이 문제를 해결하려고 소집된 삼신분회가 결국 프랑스 혁명으로 이어졌으니, 프랑스 혁명의 원인이자 왕실 몰락의 이유로 루이 14세가 거론되는 데는 충분한 근거가 있습니다.

혁명

신분 없는 사회의 시작

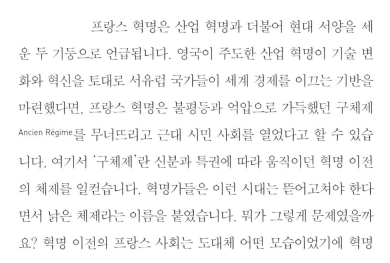

　　프랑스 혁명은 산업 혁명과 더불어 현대 서양을 세운 두 기둥으로 언급됩니다. 영국이 주도한 산업 혁명이 기술 변화와 혁신을 토대로 서유럽 국가들이 세계 경제를 이끄는 기반을 마련했다면, 프랑스 혁명은 불평등과 억압으로 가득했던 구체제 Ancien Régime를 무너뜨리고 근대 시민 사회를 열었다고 할 수 있습니다. 여기서 '구체제'란 신분과 특권에 따라 움직이던 혁명 이전의 체제를 일컫습니다. 혁명가들은 이런 시대는 뜯어고쳐야 한다면서 낡은 체제라는 이름을 붙였습니다. 뭐가 그렇게 문제였을까요? 혁명 이전의 프랑스 사회는 도대체 어떤 모습이었기에 혁명

역사

이 일어난 걸까요?

벗어날 수 없는 신분 체계

　　구체제 시기의 프랑스는 봉건제의 토대 위에 세워진 신분 사회였습니다. 제1신분인 성직자와 제2신분인 귀족은 부를 독점하고 많은 권리를 누리면서도 직접세를 전혀 내지 않는 특권을 누렸지요. 세금 내고 일하는 것은 죄다 농민과 장인, 부르주아 등 제3신분의 몫이었습니다. 특히 농민은 과거 영주였던 귀족에게 내는 세금에 왕실에 내는 세금이 더해져 허리가 휠 정도였습니다. 농민들이 내던 세금의 종류만 200가지가 넘었다고 합니다.

　하지만 신분 간 이동이 아주 엄격하지는 않았습니다. 앞서 말했듯이 돈 많은 사람들은 관직을 살 수 있었고, 귀족과 혼인하면 평민도 귀족이 될 수 있었습니다. 그래서 돈 많은 부르주아들이 권력까지 누리게 되는 경우가 많아졌습니다. 그러자 이미 특권을 쥔 사람들이 여러 조건을 추가하며 신분 상승을 점점 더 까다롭게 만들었습니다. 아무리 노력해도 귀족이 될 수 없게 되니 능력 있는 평민층의 적대감이 쌓여 갔습니다. 모순적인 신분 사회를 뒤엎고 싶다는 마음이 생긴 것입니다.

　욕망이 있다고 해도 실현할 기회와 명분이 없다면 소용없겠지요. 프랑스 혁명은 바로 그 기회와 명분이 생겼기 때문에 가능했습니다. 루이 16세가 삼신분회(삼부회)를 소집한 일이 기회가 되었습니다. 당시 프랑스 왕실은 재정 위기에 놓여 있었습니다. 계속되는 흉작과 경제 침체로 가뜩이나 세금을 걷기 어려운 상황인데도 왕실이 전쟁 개입과 사치를 멈추지 않아 재정이 바닥난 것이었지요. 왕의 입장에서 해결책은 특권층인 성직자와 귀족에게서 세금을 걷는 것이었지만 귀족들이 강하게 반대해 쉽지 않았습니다. 결국 루이 16세는 왕실 재정 문제를 해결하기 위해 114년 만에 성직자, 귀족, 평민 세 신분이 한데 모이는 삼신분회를 소집했습니다. 삼신분회는 프랑스의 세 신분을 대표하는 대의 기관이었지만 1614년 루이 13세 때 소집된 이후로는 열린 적이 없었습니다. 삼신분회를 소집하고 의제를 제기할 권한은 왕에게만 있었습니다.

　삼신분회에서 성직자와 귀족들은 특권을 내려놓을 생각이 없다는 태도를 보였습니다. 그들의 모습에 제3신분 대표들의 반감이 커져 갔습니다. 한편, 신분별 투표냐 머릿수별 투표냐 하는 문제로도 논란이 생깁니다. 원래 삼신분회의 대표는 각 신분별로 250명 정도였습니다. 제3신분은 250명인데 특권층인 1, 2신분은 합치면 500명이 되지요. 그래서 제3신분은 삼신분회 소집 전에 이미 제3신분의 대표를 두 배로 늘려 달라 요청했고 이는 받아들여졌습니다. 그 결과, 1신분 291명, 2신분 270명, 3신분 578명이 되었습니다. 신분별 투표를 할 경우 제1, 2신분의 입장에서는 제3신분 대표자가 아무리 많아져도 문제될 것이 없었습니다. 어차

국민 의회는 테니스 코트 건물로 회의장을 옮긴 후, 자신들의 요구가 승인될 때까지 이 의회를 해산하지 않겠다고 선언했다.

피 결과는 2대 1일 테니까요. 하지만 신분별이 아니라 머릿수별 투표로 방식을 정하고, 신분별로 따로 논의하는 것이 아니라 다 함께 모여 논의할 경우 제3신분에게는 승산 있는 싸움이 됩니다.

투표 방식을 둘러싼 대립이 격해지자 제3신분 대표들은 삼신분회라는 무의미한 명칭 대신 국민의 96%를 대표한다는 뜻에서 '국민 의회'라는 이름을 새로 짓습니다. 그러고는 국민 의회가 프랑스 국민의 유일한 대표 세력이라 주장했지요. 이에 반발해 귀족들이 들고일어났고 루이 16세는 급기야 회의장을 폐쇄합니다.

제3신분 대표들은 결국 테니스 코트에 모여서 헌법이 제정될 때까지 해산하지 않겠다고 선언합니다.

계몽사상과
사회 계약론

당시 제3신분에게는 자기 이익을 대변하는 새로운 이론이 있었습니다. 바로 계몽사상입니다. 17세기 중반 이래로 파리에 등장한 카페 또는 귀부인들이 주최하는 살롱salon에서는 신분과 상관없이 여러 계층의 지식인들이 모여 새로운 사상에 대해 자유롭게 토론했습니다. 정의가 지배하는 자유롭고 평등한 세상을 만들 수 있다는 자신감과 의지가 생겨나기 시작한 것입니다. 거기서 이미 혁명의 불씨가 지펴져, 타오를 기회를 엿보고 있었다고 해야겠지요.

또한 정치 사상가 루소Jean Jacques Rousseau는 자유롭고 평등한 인간들의 자발적인 '사회 계약' 이론을 제시했습니다. 사회 계약론에서는 신분에 따른 특권이 아니라 인간의 기본적이고 자연적인 권리인 생명권과 자유권이 강조되었습니다. 통치자가 권한을 남용하고 전제적인 권력을 휘두르며 인간의 자연권을 무시할 때 그저 참아내는 것이 아니라 저항하고 그 통치자를 끌어내릴 권리가 있다는 것입니다. 이런 논리가 제3신분에게 제공되면서 불만스러운 현실과 대비되는 좋은 세상을 만들어야 한다는 명분을 주었습니다.

삼신분회가 소집된 지 거의 두 달이 되어 가는데도 별다른 개혁 조치는 이루어지지 않았습니다. 제3신분의 요구를 들어 주는 척하며 시간을 끌던 루이 16세는 결국 군대를 동원하기로 마음먹습니다. 오스트리아를 비롯한 주변국이 군사적 협박을 가하면서 파리에는 외국 군대가 곧 쳐들어올지 모른다는 소문이 퍼졌습니다. 삼신분회 소집에 한껏 기대했던 파리 민중은 군대에 맞서기 위해 무기를 탈취하고자 바스티유 감옥을 습격합니다. 1789년 7월 14일 벌어진 이 사건이 바로 프랑스 혁명의 시작으로 여겨지는 '바스티유 함락'입니다.

모두가 시민인
사회의 등장

그 뒤로 혁명은 걷잡을 수 없이 전개됩니다. 귀족들이 외국 군대를 동원해 농민들을 습격할 거라는 소문이 돌자, 농민들은 귀족들에게 당하기 전에 선제공격에 나섭니다. 프랑스 전역에서 들고일어난 농민들은 귀족들의 성을 약탈하고, 계급 문서를 찾아내 불태웠습니다. 역사가들은 이 시기를 '대 공포Grande Peur'라고 부릅니다. 피로 얼룩진 농민들의 비이성적인 집단 봉기가 사회를 공포로 몰아넣었습니다. 결국 8월 4일 밤 베르사유의 국민 의회는 농민들의 불만을 가라앉히기 위해 봉건제 폐지를 선언합니다. 이로써 이제 프랑스에는 더 이상 신분이 존재하지 않

게 되었습니다. 모두가 '시민'
이 되었기에 성직자와 귀족의
면세 특권 따위도 더 이상 의미
가 없어졌습니다.

이어서 혁명의 명분을 제시
하고 헌법을 만들기 위한 기
초 작업이 이루어집니다. 8월
26일, 마침내 「인간과 시민의
권리 선언」이 발표됩니다.

"인간은 태어나면서부터 자
유로우며 법 앞에서 평등한 권
리를 가진다."

「인간과 시민의 권리 선언」, 흔히 '프랑스 인권
선언'이라 부른다.

이것이 바로 첫 번째 조항입니다. 자연권에 따른 천부 인권론
을 반영하고 있지요. 이 선언이야말로 프랑스 혁명의 가장 중요
한 문서라 할 수 있습니다. 이후 「인간과 시민의 권리 선언」을 기
초로 프랑스 최초의 성문 헌법인 '1791년 헌법'이 완성됩니다.
계몽사상이 빛을 보는 순간이었습니다.

혁명의 한계
부유한 남성만을 위한 권리

1791년 헌법은 그 전까지와는 전혀 다른 새로운 사

회의 기초를 놓았습니다. 그러나 한계도 분명했습니다. 가장 큰 문제는 '능동적 시민'과 '수동적 시민'을 구분한 점입니다. 정치적 권리를 행사할 수 있는 쪽은 오직 '능동적 시민'뿐이었습니다. 능동적 시민임을 판단하는 기준은 재산의 소유 여부였지요. 여성은 논의할 여지도 없이 제외되었습니다. 결국 인간은 태어나면서부터 자유롭고 법 앞에 평등한 권리를 갖는다고 명시했지만 진정으로 평등하기 위해서는 남성이면서 돈이 있어야 했습니다. 혁명 이전 사회가 혈통에 의한 신분제 위주였다면 혁명 이후에는 돈에 의한 신분제가 만들어지고 있었던 것입니다.

한편, 프랑스 혁명에도 불구하고 아니 어쩌면 혁명 때문에 1944년에 이르기까지 프랑스에서 여성이 온당한 시민으로 인정받지 못했음은 잘 알려진 사실입니다. 그 배경에는 여성은 남성과 다른 존재이기에 주권을 갖고 참정권을 누릴 수 없다는 논리가 있었습니다. 여성의 배제를 정당화한 공식적 논리는 여성이 독립적인 개인이 아니라는 것이었습니다. 여성의 참정권 문제가 제기될 때마다 이를 반대했던 남성들은 육체적 차이를 거론하고는 했습니다. 여성의 육체야말로 참정권을 가질 수 없음을 보여 주는 부정할 수 없는 증거인 양 들이댄 것입니다. 1849년 정치 사상가 프루동Pierre Joseph Proudhon은 페미니스트 드루앙Jeanne Deroin이 의회 선거에 출마하겠다고 나서자 "여성이 의원이 된다는 것은 남성이 유모가 된다는 것과 같다."라는 식의 전형적인 논리를 구사하며 반대했습니다. 그러자 드루앙이 이렇게 응수했습니다. "의원의 기능을 수행하는 데 어떤 육체적 기관이 필요한지 보여 주신다면 제가 포기하겠습니다." 이 페미니스트의 멋진 대응은 프랑스 공화주의를 지탱하는 보편주의가 사실은 남성의 보편주의임을 적나라하게 드러낸 것입니다.

공화국의 탄생

「인간과 시민의 권리 선언」과 1791년 헌법이 만들어지고 여러 개혁 조치가 이뤄지는 동안에도 왕정의 존속 자체가 의심되지는 않았습니다. 하지만 왕과 그 가족이 해외로 도피하려다 발각되면서 왕에 대한 배신감이 생겨납니다. 왕이 필요 없는 공화국 체제를 옹호하는 목소리가 높아집니다.

결국 1792년 9월 22일, 프랑스 공화국이 탄생합니다. 루이 16세는 단두대에서 처형당하지요. 민중의 힘에 놀란 혁명가들은 이제 능동적 시민과 수동적 시민의 구분을 없애고, 돈이 많든 적든 모든 남성이 정치적 권리를 누리며 시민이 될 수 있다고 규정하는 새로운 헌법을 만듭니다. '1793년 헌법'으로 알려진 이때의 헌법은 성인 남자들의 보통 선거, 생존권, 노동권, 실업자와 병약자에 대한 공공 지원을 규정했습니다. 1793년 헌법은 어떤 면에서는 20세기 법이라 해도 손색없을 만큼 사회 민주주의적 성격을 띠고 있습니다. 하지만 이 법은 아쉽게도 시행되지 못했습니다. 왕

역사

을 몰아낸 프랑스를 보고 위기감을 느낀 이웃 나라의 왕들이 동맹군을 결성해 프랑스에 전쟁을 선포했기 때문입니다.

한편 이 시기 혁명 세력 내부에서도 진통이 심했습니다. 주변국 군대라는 외부의 적과 왕정으로 돌아갈 것을 주장하는 내부의 적인 왕당파를 상대해야 하는 상황이었습니다. 혁명 세력은 내부의 불안 요소를 제거하는 데 몰두합니다. 로베스피에르의 주도 하에 '공포 정치'와 통제 경제가 실시되었습니다. 공포 정치 시기는 혁명 기간 중 가장 폭력적인 면모가 드러나는 때였습니다. 그런 이유로 프랑스 혁명에 비판적 시각을 지닌 이들이 자주 이야깃거리로 삼기도 하지요.

하지만 공포 정치의 부정적인 측면에도 불구하고 그것이 프랑스인들에게 외국 군대로부터 프랑스를 지키려는 민족적 감정을 불러일으켰고 국민적 유대감을 형성하게 했다는 사실은 분명합니다. 국가 방위의 필요성을 절감한 프랑스인들이 무기, 장비 보급, 생필품 확보를 위한 통제 경제를 견뎌 낸 덕분에 프랑스군은 전쟁을 효과적으로 수행할 수 있었고, 결국 프랑스는 전쟁에서 승리해 위기를 이겨냅니다.

혁명이 남긴 것

혁명이 과격하게 전개되는 것을 원치 않았던 온건한 성향의 혁명가들이 공포 정치를 주도하던 로베스피에르를 처형하면서 프랑스 혁명은 다시 새로운 국면을 맞습니다. 공포 정치의 주요 기구였던 혁명 재판소가 해산되고 공안 위원회의 권한이 극도로 축소되었습니다. 성인 남자의 보통 선거권이 규정되어 있던 1793년 헌법 대신 새로이 1795년 헌법이 만들어지면서 돈이 있어야 한몫을 하는 체제, 정치적 권리를 얻으려면 경제적 뒷받침이 필요한 제한 선거제로 되돌아갑니다. 또한 통제 경제가 해제되면서 물가가 엄청나게 올라 프랑스 민중은 생활고에 시달립니다. 주변의 군주 국가들은 프랑스를 치기 위해 동맹을 재결성했고, 프랑스는 또다시 전쟁 국면에 돌입합니다. 이토록 어려운 상황은 결국 나폴레옹이라는 새로운 인물을 불러내지요.

프랑스 혁명은 나폴레옹의 등장과 함께 미완성으로 종결되었다는 평가를 받습니다. 봉건제가 폐지되었지만 그 대신 돈이 중요한 사회가 만들어졌고, 여전히 불평등한 부분이 남아 있었습니다. 여성의 권리도 무시되는 등 혁명은 완전하지 않았습니다. 그러나 인간의 기본적 권리를 명시한 「인간과 시민의 권리 선언」과 세 가지 헌법, 그밖에 무수한 혁명가들의 문서와 정치 팸플릿 등은 정치적, 역사적으로 매우 중요한 의의를 지닙니다. 프랑스 혁명은 분명 역사의 중요한 분기점이었습니다. 현대 사회를 살아가는 정치적 감성은 이때부터 생겨났다고 할 수 있겠습니다.

역사

나폴레옹

공화정을 배신하고 왕좌에 오르다

나폴레옹은 프랑스가 낳은 최고의 위인으로 손꼽히는 인물입니다. 프랑스 위인 열전에서 타의 추종을 불허할 정도로 오랫동안 선두 자리를 지키며 그 위용을 뽐내었다고 하지요. 그의 명성은 프랑스와 유럽에만 한정되지 않습니다. 국경을 넘어 전 세계적으로 널리 뻗어 있습니다. 심지어 우리나라에서도 '나폴레옹'이라는 이름은 초등학생부터 나이 든 어른까지 모르는 사람이 거의 없을 정도입니다. 나폴레옹은 역사상 그렇게 많은 전투 경험을 가진 이가 있을까 할 정도로, 수없이 많은 전쟁에 참여했던 전쟁 영웅이기도 합니다. 20대에 이미 프랑스에서 가장 영향력 있고 출세한 장군이 되었지요. 나폴레옹은 전쟁을 통해 명성을 얻었고, 그 명성으로 정권을 잡았으며 마침내 황제의 자리에까지 올랐습니다.

그런데 프랑스 역사 속에는 또 다른 나폴레옹 황제가 있습니다. 우리가 잘 알고 있는 나폴레옹만큼은 아니지만 그 또한 프랑스 혁명 이후 실로 복잡다단했던 역사의 무대에서 주연급으로 활약했습니다. 그럼 지금부터, 공화국으로 향하는 지난한 과정 속에 있는 프랑스를 머릿속에 그려 보며 두 사람의 나폴레옹 이야기를 살펴봅시다.

꼬마 하사관
혁명을 딛고 국민 영웅으로

우리가 흔히 나폴레옹이라고 부르는 나폴레옹 보나파르트Napoléon Bonaparte의 출생지는 코르스Corse입니다. 프랑스 영토임에도 우리에게는 코르시카Corsica라는 이탈리아식 명칭이 더 익숙하지요. 그럴 만도 한 것이 이 지역은 원래 이탈리아에 속해 있던 곳입니다. 1768년 당시 이탈리아의 제노아공국이 코르시카를 프랑스에 팔아넘기면서 이 지역은 프랑스령 코르스가 됩니다. 실제로 나폴레옹의 아버지는 이탈리아 국기 아래서 프랑스에 대항하여 전투를 한 적도 있습니다. 프랑스를 적국으로 알고 싸웠던 사람의 아들이 후에 프랑스의 황제가 된 것이지요.

역사

코르스의 하급 귀족 가문 태생에다 하급 장교에 불과했던 나폴레옹이 황제의 자리까지 오를 수 있었던 것은 프랑스 혁명 덕분입니다. 그에게 탁월한 군사적 능력이 있었던 것도 분명하지만 실질적으로는 프랑스 혁명으로 군대 직책을 사고팔던 관행이 폐지되는 바람에 좀 더 빨리 장군이 될 수 있었으니까요. 혁명 덕택에 신분이나 봉건적 부담에 시달리지 않고 자신의 실력만으로 꿈을 이룬 것입니다.

1785년 16살의 나이로 임관한 풋내기 포병 장교 나폴레옹은 1793년 말 영국군에 포위된 지중해의 군항 툴롱을 탈환하며 20대에 장군이 되었습니다. 앞서 이야기했듯이 당시 프랑스는 내우외환의 상황에 놓여 있었습니다. 영국, 오스트리아, 프로이센 등 왕이 다스리는 주변 나라들이 연대하여 프랑스를 공격해 왔습니다. 왕을 몰아내고 공화국을 세운 프랑스는 대외적으로는 외국 군대와의 전쟁을, 대내적으로는 왕당파들의 저항을 막아야 하는 시련을 겪었지요. 이런 상황에서 나폴레옹은 탁월한 군사적 능력을 발휘하여 대불 동맹군과의 전쟁을 승리로 이끌며 국민들의 인기를 얻었습니다. 물론 대중을 향한 나폴레옹의 정치적 감각도 한몫을 합니다. 전승 장군 나폴레옹의 위용을 자랑하는 선전물을 만들어 프랑스 전역에 퍼뜨렸다고 하니까요. '꼬마 하사관'이 국민 영웅이 되는 순간이었습니다.

나폴레옹의 인기에 부담을 느낀 혁명 정부는 그를 멀리 프랑

나폴레옹은 정복자이자 정치인, 군인, 황제로서 다양한 업적을 남겼다. 다양한
모습을 가졌던 인물이니만큼 나폴레옹에 대한 평가는 늘 엇갈린다.

스 밖으로 보내기 위해 이집트에 가서 영국군을 무찌르라는 명령
을 내립니다. 그러나 원정길에 올랐던 나폴레옹은 비밀리에 프랑
스로 돌아와 쿠데타를 일으킵니다. 프랑스 혁명력으로 안개brume
의 달인 브뤼메르Brumaire 18일, 혁명 정부를 몰아내고 정권을 잡
는 데 성공하지요. 나폴레옹은 쿠데타 이후 5년 동안은 형식적이

지만 공화주의 체제의 통령직을 바탕으로 군사 독재 체제를 유지합니다. 그러다가 마침내 1804년 스스로 나폴레옹 1세라 칭하고 황제의 자리에 오릅니다.

나폴레옹이
유럽에 남긴 것

프랑스 혁명은 나폴레옹으로 인해 마무리되면서 미완성으로 끝났다고 평가됩니다. 하지만 나폴레옹은 자신이 혁명의 산물임을 뚜렷이 인식하고 있었습니다. 그는 혁명 전부터 이미 계몽사상가들의 글을 읽으며 희망의 싹을 보았고, 프랑스 혁명을 겪으면서 신분이 아니라 능력에 따른 출세가 가능하다는 것을 깨달았습니다. 마침내 자신이야말로 혁명을 완성할 인물이라고 확신하고 있었지요.

나폴레옹은 특권을 폐지하고 능력에 따른 출세가 가능한 체제를 만들겠다는 약속을 지키고자 했습니다. 그리하여 지방의 봉건 영지와 그에 딸린 관습적 특권을 폐지했습니다. 또 행정 부서의 중앙 집권화를 위해 노력했습니다. 프랑스 혁명 초기 지방 분권화 시도로 인해 왕당파들이 힘을 얻으며 혼란을 주었던 전례가 있었기 때문에 중앙 집권의 중요성을 인식했던 것이지요. 한편 혁명 정부는 경제 무질서에 제대로 대처하지 못해 악성 인플레이션을 겪은 바 있었습니다. 나폴레옹은 이러한 무능을 반복하지 않으려 노력했습니다. 이를 위해 중앙은행을 만들고, 조세 제도를 안정시키려 애썼습니다. 나폴레옹은 이전에는 성취된 적 없는, 질서 있고 비교적 공정한 조세 제도를 확립했다는 평가를 받고 있습니다.

나폴레옹은 유럽의 근대 국가 건설에도 크게 기여했습니다. 집권 후 주변의 군주 국가들을 정복해 그들 지역에 남아 있던 봉건적인 유산을 없애 버린 것입니다. 유럽의 군주들에게 나폴레옹은 왕정을 몰락시키는 두려운 존재였습니다. 그러나 강압적 정치에 신음하던 이들에게는 자유주의적이며 평등주의적인 혁명 이념의 전파자이자 해방자로 인식되었습니다. 특히 신성 로마 제국의 해체는 독일 지역 자유주의자들에게 큰 희망을 주었습니다. 베토벤 3번 교향곡 「영웅」이 나폴레옹을 위한 헌사라는 이야기가 나오게 된 이유도 여기에 있지요.

나폴레옹의 업적 가운데 빼놓을 수 없는 것이 『나폴레옹 법전』 편찬입니다. 『나폴레옹 법전』은 농노 해방을 규정함으로써 봉건제 폐지를 상징적으로 보여 주며, 개인의 자유 존중, 법 앞에서의 평등을 내세우는 등 프랑스 혁명의 성과를 상당 부분 반영하고 있습니다. 그러나 한편으로는 이중적인 특성을 드러냅니다. 자유주의와 평등주의를 과시하는 듯하면서 실제로는 매우 보수적이고 권위주의적인 면모도 보이기 때문이지요. 예컨대 『나폴레옹 법전』은 노동자보다는 고용주의 편에 서 있습니다. 노동조합 조직을 금지할 뿐 아니라 법정에서 고용주에 반대하는 말을 하는 것조차도 용납하지 않지요. 또한 남성이 여성에 비해 '선천 적으로' 우위에 있다는 태도를 보이며, 철저하게 가부장적이고 남성 우월적인 성격을 띱니다. 그럼에도 이 법전은 근대 시민 사회의 근본 원칙을 성문화했다는 평가를 받습니다. 『나폴레옹 법전』은 프랑스 현행 법전 체계의 근간이 되고 있을 뿐 아니라 나폴레옹이 정복했던 유럽 여러 나라에도 큰 영향을 미쳤습니다.

나폴레옹 1세의 몰락

시간이 흐르면서 나폴레옹의 지나친 권력욕과 자만이 문제가 됩니다. 끊임없는 전쟁으로 인해 군대에 끌려가고 세금의 부담을 떠안아야 했던 사람들이 불만을 품게 된 것입니다. 과도하게 억압적이고 관료적인 정부에 대한 저항이 나타나기 시작합니다.

나폴레옹과 프랑스 군대는 이제 더 이상 혁명 이념의 전파자가 아니라 고유한 민족적 자유를 말살시키는 외세이자 압제자로 받아들여지기 시작했습니다. 나폴레옹에 반대하여 각 민족의 자유를 추구하는 민족주의 운동이 일어났습니다. 나폴레옹이 해체시킨 덕에 분산되어 버린 독일 지역 신성 로마 제국 안에서도 이 같은 움직임이 나타납니다. 명확한 국경선 없이 독일어 사용 여부를 통해서만 희미하게 경계에 대해 자각하던 독일인들이 민족 정체성을 분명히 깨닫게 되었습니다. 프랑스 혁명이 나폴레옹을 통해 독일인들로 하여금 하나의 통일된 국가 형성에 대한 인식의 계기를 마련해 준 것입니다.

서서히 내리막길을 걷던 나폴레옹은 결국 1815년 워털루 전투에서 몰락합니다. 그의 아들이 황위를 이을 사람으로 지명됐으나 2주 만에 권좌를 빼앗깁니다. 혁명 기간에 단두대에서 처형당했던 루이 16세의 동생인 루이 18세가 왕위에 오르면서 이른바 왕정복고 시대가 도래했습니다. 그 결과 나폴레옹의 아들은 외가였던 오스트리아에서 거의 감금되다시피 하다가 1832년에 사망합니다.

삼촌의 후광을 업고
권력을 쥐다

그러나 나폴레옹이라는 이름은 머지않아 프랑스 역사에 다시 등장합니다. 샤를 루이 나폴레옹 보나파르트Charles Louis Napoléon Bonaparte가 그 주인공입니다. 그는 나폴레옹 1세의 첫 번째 부인 조세핀이 전 남편과의 사이에서 낳은 딸과, 나폴레옹 1세의 동생인 루이 보나파르트 사이에서 태어난 아들입니다. 그러니까 나폴레옹 1세의 조카이자 외손자인 셈이지요.

루이 나폴레옹은 보나파르트가의 다른 사람들과 함께 프랑스에서 추방되어 유년기와 청소년기 대부분을 망명지에서 보냈습니다. 나폴레옹의 아들인 사촌이 사망한 이후부터는 자신이야말로 보나파르트가의 사람으로서 프랑스 왕위를 요구할 수 있는 유일한 인물임을 한시도 잊지 않았다고 합니다. 7월 왕정* 시절에는 두 차례나 쿠데타를 시도했다가 실패해 구금 생활을 했습니다.

마침내 루이 나폴레옹은 1848년 파리에서 일어난 2월 혁명으로 탄생한 제2공화국의 의원으로 정계에 등장합니다. 같은 해 12월 루이 나폴레옹은 왕정주의자들이 모여 만든 질서당Parti de l'Ordre의 후원을 받아 대통령 선거에 출마합니다. 이 선거는 그해 제정된 새로운 공화국 헌법에 따라 처음으로 성인 남자들의 보통 선거로 치러졌습니다. '나폴레옹'이라는 이름이 불러온 효과는 놀라웠습니다. 루이 나폴레옹은 이 선거에서 거의 75%에 달하는 득표율로 대통령에 당선되었습니다.

이후 루이 나폴레옹은 4년 임기에 더 이상 연임이 되지 않는 대통령직을 연장하고자 개헌을 시도했다가 실패합니다. 그러자 1851년 12월 쿠데타를 일으켜 공화국을 마감하고 스스로 황제가 됩니다. 나폴레옹 1세의 추종자들이 나폴레옹 1세의 아들을 나폴레옹 2세라고 여겼기 때문에 그는 나폴레옹 3세가 되었습니다. 제2제정이 문을 연 것입니다. 공화국에서 제정으로 체제를 변화시켰던 삼촌 나폴레옹 1세를 본보기로 삼은 셈이지요. 황제가 된 이후에는 역시 나폴레옹 1세와 마찬가지로 직접 통치와 중앙 집

● 1830년 7월 29일에 일어난 '7월 혁명'을 통해 들어선 입헌군주제. 7월 혁명을 전후하여 산업 혁명이 본격적으로 진행되었으며, 그 결과 노동자와 상공 계층의 세력이 확대되었다. 이들은 선거권 확대를 지속적으로 요구하였으나 받아들여지지 않았다. 이에 대한 반발로 1848년 2월 22일, '2월 혁명'이 일어난다.

권적 정치를 시도했습니다. 재정, 군대, 대외 관계에 관한 거의 모든 권한이 황제에 집중되었습니다. 보통 선거를 통해 의회가 선출되기는 했지만 아무런 실권이 없었고, 황제의 명에 따라 만들어지는 법을 승인할 뿐이었습니다.

나폴레옹 3세가 만든 화려한 프랑스

형식적인 국민 투표에 의한 승인, 강압적인 중앙 집권 정치에 대한 자유주의자들의 저항이 있었지만 나폴레옹 3세에게는 산업 혁명이라는 호재가 따라 주었습니다. 산업 혁명에 힘입어 때마침 프랑스가 경제적으로 발전하면서 제2제정 체제는 유지될 수 있었습니다.

나폴레옹 3세는 자유주의자, 사회주의자들의 반발을 막고 노동자와 중간 계급 모두에게 프랑스가 세계의 강대국으로 성장하고 있다는 것을 보여 주기 위한 제스처를 취했습니다. 영국에서 열린 만국 박람회에 노동자들이 참석할 수 있게 국비를 지원한 것입니다. 한편, 노동조합과 파업의 합법화를 마지못해 승인하기도 합니다. 또한 이 시기 철도, 보험, 가스, 석탄, 건축 같은 굵직한 산업에 필요한 재정을 조달하고 주식을 판매할 수 있는 투자 은행이 설립되었고, 봉마르셰le Bon Marché를 필두로 하여 소비 시대를 여는 백화점이 문을 열었습니다. 모든 것을 크고 장식적으로 만

역사

125

좁고 구불구불하던 파리의 도로망은 오스만의 도시 계획을 계기로 시원하게 방사형으로 뻗은 직선 도로로 재정비되었다.

드는 것이 당시의 유행이었는데, 과거의 건축 양식들을 부르주아적 취향에 맞게 변형시키면서 새로운 건축물들이 세워지기도 합니다.

나폴레옹 3세의 정책 중 주목할 것은 파리를 변모시킨 도시 계획 정책입니다. 당시의 파리는 중세에 세워진 기간 시설에 의존하고 있었습니다. 산업이 발전하며 많은 노동자가 유입되자 주택 부족, 물 부족 사태가 일어났습니다. 울퉁불퉁하고 좁은 골목길은 범죄가 일어나기 적당했습니다. 또한 길에 오물이 함부로 버려지면서 전염병의 위험도 커진 상황이었지요. 혁명이 두려운 황제 입장에서는 거슬리는 점이 한 가지 더 있었습니다. 파리의 좁은 골목이 바리케이드를 쌓고 시가전을 벌이기 좋다는 점이었지요. 그리하여 황제의 전폭적인 지원 하에 대규모 공사가 이루어지게 됩니다. 당시 파리 지사였던 오스만^{Georges Eugène Haussmann}의 도시 계획으로 도로망이 조직되었습니다. 도심을 관통하는 긴 도로를 따라 가로수를 심었고, 하수구를 정비했습니다. 공공건물을 도시 전체에 고르게 분포시키면서 파리는 균형 잡힌 아름다움을 지닌 도시로 재탄생하게 되지요. 거미줄처럼 뻗어 나간 방사형 도로와 도심 곳곳에 조성된 공원을 자랑하는 오늘날의 파리는 이때 완성됩니다.

유럽 최강국의 패배
프랑스-프로이센 전쟁

나폴레옹 3세는 대외 정책에서도 나폴레옹 1세를 따라 했습니다. 러시아, 이탈리아, 오스트리아 등 유럽 여러 나라 문제에 개입하였을 뿐 아니라 멕시코 등지로 원정군을 보냈습니다. 그의 대외 정책은 우리나라와도 관련이 있습니다. 바로 1866년의 병인양요가 나폴레옹 3세 치하에서 이루어진 일이니까요. 그러나 나폴레옹은 자신의 삼촌처럼 무리한 전쟁을 시도하다가 파국적인 결말을 맞게 됩니다.

1870년의 프랑스-프로이센 전쟁이 화근이었습니다. 자신만만했던 유럽 최강국 프랑스는 이 전쟁에서 무참히 패배합니다. 심지어 나폴레옹 3세는 포로가 되는 굴욕을 맛보기도 하지요. 이 전쟁으로 인해 나폴레옹 3세의 제2제정은 마무리되고, 프랑스에는 임시로 공화주의 정부가 만들어집니다. 새 정부는 프로이센에 패배했음을 인정하는 강화 조약을 맺고, 그 결과 알자스와 로렌 일부 지역을 빼앗깁니다. 반면에 프로이센은 독일 제국으로 성장합니다. 1871년 1월 베르사유궁의 거울의 방에서 프로이센 국왕 빌헬름 1세가 독일 제국의 탄생을 선포합니다.

왕정과 공화정이라는 두 가지 선택지를 놓고 수년간 갈등과 혼란을 겪은 프랑스는 1875년 공화국 헌법을 만들며 제3공화국 체제의 문을 엽니다. 이후에도 왕당파와 공화주의자 간에 갈등이 없진 않았으나 그것을 모두 극복하고 현재까지 공화국 체제를 유지하고 있습니다. 한편, 프랑스-프로이센 전쟁의 패배감과 수치감은 이후 수십 년 동안 프랑스 사회에 보수적이며 민족주의적인 여론을 만드는 데 큰 역할을 합니다.

제3공화국
힘겹게 닻을 내린 왕 없는 세상

1870년 프랑스-프로이센 전쟁에서 나폴레옹 3세가 패하자 프랑스 의회는 공화국을 선포합니다. 그렇게 막을 올린 제3공화국은 1940년 독일의 침입으로 페탱Philippe Pétain이 프랑스의 새로운 국가수반이 될 때까지 약 70년간 지속됩니다. 1958년에 세워진 제5공화국이 현재 60년 가까이 진행 중이지만, 지금까지는 제3공화국이 프랑스 공화국 가운데 가장 긴 공화국이라고 할 수 있습니다. 제3공화국에 앞서 프랑스 혁명 중 세워진 제1공화국, 1848년 2월 혁명 이후 세워진 제2공화국이 있었지만, 그 기간이나 강고함 등을 고려할 때 이 체제들을 진정한 공화국이라

고 부르기는 힘듭니다. 제4공화국 또한 2차 세계 대전 이후 세워
져 단지 10여 년간 존속했을 뿐입니다. 이처럼 제3공화국은 그
어느 공화국보다 수명이 길었습니다. 하지만 한편으로는 끊임없
이 위태로운 순간을 맞이했던 유약한 공화국이었습니다.

사회주의라는 단꿈
파리 코뮌

　　　　　제3공화국은 태어나서부터 그 수명을 다할 때까지
여러 차례 심각한 위기를 겪었습니다. 공화국이 채 정립도 되기
전에 프랑스는 이미 '파리 코뮌'이라는 격렬한 내부 갈등에 맞닥
뜨립니다. '파리 코뮌'은 프로이센에 항복한 후 성립된 프랑스 임
시 정부에 대항한 파리시 정부를 일컫기도 하고, 정부군과 코뮌
군 간의 전쟁을 의미하기도 합니다.

　프로이센에 항복한 프랑스는 1871년 2월 강화 조약을 위해 선
거를 치르고 의회를 구성했습니다. 프랑스 임시 정부 수반이 된
왕당파 티에르^{Louis-Adolphe Thiers}와 독일의 비스마르크^{Otto von Bismarck}
사이에 맺어진 강화 조약에 따라, 프랑스는 독일과의 국경 지대
인 알자스와 로렌 지방을 내주고, 50억 프랑의 배상금을 지불했
습니다. 가혹한 조약에 분노한 파리의 민중은 전쟁 동안 파리에
배치되었던 대포 등을 정부가 회수하려 하자 적극 저항했습니다.
결국 1871년 3월 26일 파리에서는 노동자들을 중심으로 한 자치

1871년 파리의 도로에 코뮌군이 설치한 바리케이드의 모습. 파리 코뮌은 비록 두 달 정도 지속된 짧은 사건이었지만, 노동자 계급이 정치의 중심으로 등장했다는 점에서 역사적 의미가 있다.

적인 재선거가 치러지며 독자적인 정부가 구성됩니다. 이는 노동 계급이 정치의 중심이 되어 자치 정부를 구성한 최초의 사례였습니다. 당시 자유와 평등을 꿈꾸던 많은 사람들, 특히 사회주의적 이상에 몰두했던 이들에게 파리 코뮌은 희망적인 사건이었습니다. 그러나 공화국 정부 입장에서는 큰 위기였지요.

결국 정부군과 파리 코뮌군 사이의 전쟁이 시작됩니다. 정부군은 파리 서북부 쪽에서부터 코뮌을 공격했습니다. 파리는 2개월 동안 고립무원의 상태가 되지요. 식량 부족으로 인해 파리 시민들은 쥐까지 잡아먹어야 했다고 합니다. 파리 시립 박물관인 카르나발레 박물관에는 이 시기 파리 시민들의 생활에 대한 자료들이 생생하게 전시되어 있습니다. 결국 정부군이 파리로 들어와 대대적인 진압 작전을 실시합니다. 제대로 훈련을 받지도 못한 노동자들로 구성된 코뮌 군대가 정부군을 상대로 오랫동안 버티기는 힘들었습니다.

'피의 일주일'이라 불리는 마지막 일주일 동안 정부군은 끔찍한 학살을 벌입니다. 코뮌의 마지막 저항군들은 파리 동쪽의 페르라셰즈 공동묘지 한끝에서 최후를 맞이했습니다. 코뮌군은 공동묘지 한 편의 벽에서 총살을 당했고, 그들의 시신은 벽 뒤에 내버려졌습니다. 당시 총알에 파인 흔적이 아직도 벽면에 그대로 남아 있습니다. 오늘날 이 벽을 가리켜 '연맹주의자들의 벽'이라고 부릅니다. 지금도 이곳은 저항과 혁명의 상징으로서의 파리를 잘 보여 주는 장소로 여겨집니다. 파리 코뮌의 실패 이후 1884년 노동조합이 합법화될 때까지, 노동 계급에게는 암흑의 날이 지속되었습니다. 프랑스 공화국은 왕당파와 부르주아가 지배하는 공화국으로 확고히 자리매김하고 말았지요.

　　　　　파리 코뮌이 진압되면서 어느 정도 안정을 찾았지만, 공화국은 몇 차례의 위기를 더 넘겨야 했습니다. 하원과 상원을 공화파가 장악한 후, 최초의 부르주아 대통령 쥘 그레비^{Jules} ^{Grévy}가 취임했습니다. 의회와 행정부에서 확고한 기반을 다진 공화파는 공화국을 안정된 체제로 정착시키기 위해 노력했습니다. 혁명의 노래였던 「라 마르세예즈」를 국가로 삼고, 혁명 기념일인 7월 14일을 국경일로 지정했습니다. 그럼에도 프랑스 국민들은 자신들에게 익숙하지 않은 공화제에 깊은 믿음을 보여 주지 못했습니다.

　이때 프랑스 국민들 앞에 불랑제^{Georges Boulanger} 장군이 나타났습니다. 국방 장관이었던 불랑제는 독일에 복수를 해 줄 수 있는 인물로 비쳐졌습니다. 실제 그는 스파이 혐의로 독일에 체포된 한 경찰관을 구해 내기도 했습니다. 불랑제의 대중적 인기는 하늘을 찌를 듯했습니다. 일부 극우 단체들이 불랑제를 이용하여 의회제를 폐기하려 나서자 공화파 집권 세력은 그를 국방 장관에서 해임했습니다. 하지만 불랑제는 선거에 출마해 자신의 인기를 다시 한번 입증했습니다. 당시에는 여러 지역에 후보로 출마하는 것이 가능했는데, 불랑제는 출마한 다섯 지역 모두에서 당선되었습니다. 국민들 사이에서 불랑제를 대통령 궁인 엘리제로 보내자는

역사

운동이 퍼질 정도였지요.

하지만 쿠데타의 위험을 알아챈 공화파가 불랑제의 측근들을 체포하자 신변의 위협을 느낀 불랑제는 벨기에로 도망갑니다. 그런데 제3공화국 최대의 위기였던 불랑제 사건은 허무하게도 한 편의 로맨스로 끝나 버립니다. 애인이 죽자 절망한 불랑제가 애인의 무덤 앞에서 자살한 것입니다. 결국 불랑제 사건은 하나의 에피소드로 마무리되었습니다. 하지만 이 사건은 프랑스 공화국이 여전히 불안정한 상태에 놓여 있다는 사실을 다시 한번 확인시켜 주었습니다.

드레퓌스 사건
프랑스를 둘로 나누다

우리에게 많이 알려진 '드레퓌스 사건'도 프랑스를 뒤흔든 사건 가운데 하나입니다. 1894년 프랑스 육군 참모 본부에 근무하던 알프레드 드레퓌스Alfred Dreyfus가 독일 대사관에 군사 정보를 팔았다는 혐의로 체포되어 종신 유배형의 판결을 받았습니다. 군사 정보 서류의 필적이 드레퓌스의 필적과 비슷하다는 것 이외에는 별다른 증거가 없었으나 그가 유대인이라는 점이 혐의를 짙게 했던 것입니다. 19세기 말은 반유대주의가 횡행하던 시절이라 누군가 희생양이 되어야 한다면 그것은 유대인일 수밖에 없었습니다. 이후 다른 사람이 진범임이 드러났는데도 군부는 진상을 은폐하려 들었습니다. 하지만 『목로주점』 『제르미날』 등으로 유명한 소설가 에밀 졸라Emile Zola가 1898년 한 신문에 '나는 고발한다J'Accuse'라는 제목으로 대통령에게 보내는 글을 발표하면서 여론이 들끓게 됩니다.

당시 신문 「로로르」'Aurore」 1면에 실린 에밀 졸라의 글, '나는 고발한다…!'

프랑스 사회는 양분되었습니다. 한쪽에서는 '정의, 진실, 인권'을 강조했습니다. 사회주의자와 급진 공화주의자, 그리고 '지식인'이라고 불리는 사람들이 이편에 섰습니다. 이 사건을 계기로 사회 문제에 행동으로 나서는 사람을 지식인이라고 규정하게 되었습니다. 반대쪽에서는 '군의 명예와 조국'을 강조했습니다. 왕당파, 가톨릭 세력, 군부가 결집해 이를 지지했습니다.

드레퓌스 사건은 뜨거운 감자였습니다. 논쟁을 넘어 커다란 화근을 불러올 수 있어, 가족 모임에서조차 대화의 주제로는 금기시될 정도였지요. 게다가 점차 한 개인의 석방 문제 차원을 넘어 좌파와 우파 사이의 정치적 쟁점으로 확대되면서 공화국을 위기에 몰아넣었습니다. 그러나 1906년 최종 판결에서 드레퓌스의 무죄로 사건이 마무리되면서 가톨릭 및 왕당파 등의 교권 세력이 약화되었고, 공화파는 결집할 수 있었습니다.

여기에는 1905년 정교분리법이 통과된 것도 한몫했습니다. 19세기 말 프랑스의 학교는 가톨릭 세력이 장악하고 있었습니다. 가톨릭이 세운 사립 학교의 학생들은 '신이 바라는 가장 이상적인 정치 체제는 왕이 통치하는 체제이다.'라는 내용으로 수업을 받았습니다. 진정한 공화국 시민으로 자라기에는 바람직한 여건이 아니었습니다. 그리하여 당시 교육부 장관 쥘 페리^{Jules Ferry}를 비롯한 정치가들은 가톨릭이 장악한 사립 학교 대신 공립 학교에 힘을 실어 줌으로써 아이들에 대한 교회의 영향력이 약해지도록 노력했습니다. 마침내 에밀 콩브^{Emile Combes} 정부는 국가와 교회의 분리를 통해 공화국이 더 이상 가톨릭에 좌우되지 않도록 정교분리법을 제정했습니다.

전쟁과 위기를 겪으며
하나로 뭉치다

일련의 사건을 계기로 공화국 체제는 공고해졌고, 더 이상 왕당파나 가톨릭 세력에 의해 흔들릴 것 같지 않게 되었습니다. 그러자 이제는 사회주의자와 부르주아 사이의 갈등이 가시화되었습니다. 사회주의자들은 제3공화국을 '부르주아 공화국'이라 칭하며 날선 비판을 제기했지요. 특히 1차 세계 대전을 눈

앞에 두고 민족주의에 빠진 부르주아 세력과 달리 사회주의자들은 국제주의를 내세웠습니다. 이들은 평화를 주장하며, 만일 독일과 전쟁을 하더라도 총알받이로 나가게 될 노동자들은 전쟁에 참여하지 않고 총파업을 개시하겠다는 전략을 세웠습니다. 전쟁이라는 방법을 통해서라도 자본주의적 이득을 취하고자 하는 부르주아 세력에 절대 동조하지 않겠다는 것이었습니다.

하지만 전쟁이 일어나자 놀랍게도 사회주의자 상당수는 너나 할 것 없이 전장으로 뛰어들었습니다. 이들의 대의는 '프랑스 혁명의 나라, 프랑스 공화국'을 수호하는 데 있었습니다. 그들이 아무리 부르주아 공화국이라고 매도했던 프랑스일지라도, 독일 제국으로부터는 지켜 내야 했습니다. 전쟁에서 져서 독일 제국의 일부가 된다면, 공화국 시민으로서의 권리를 몽땅 빼앗기게 될 것이기 때문입니다. 이러한 의식은 바로 드레퓌스 사건을 겪으며 단련된, 공화국의 가치를 지키겠다는 확고한 신념에서 비롯되었을 것입니다.

그러나 1차 세계 대전이 끝난 후에도 공화국은 여전히 비틀거렸고, 공화정을 향한 극우파들의 공격은 날로 거세어져 갔습니다. 1933년 12월, 프랑스를 뒤흔든 금융 스캔들인 '스타비스키 사건'이 터집니다. 정관계 인사들이 관련된 것이 밝혀지면서 이 사건은 '공화국 부패'의 상징이 되었습니다. 이 사건을 빌미로 왕당파 세력은 의사당 앞에서 대규모 폭력 시위를 벌였으며, 이는 정부가 해산되는 결과를 빚었습니다. 공화주의 세력 내에서 심각한 부패 사건이 다수 발생하면서, 다시 왕정으로 돌아가자고 주장하는 왕당파 세력이 인기를 끌었습니다.

공화정이 위기에 처하자 그동안 분열되었던 좌익 세력이 힘을 합칩니다. '빵, 평화, 자유'라는 구호 아래 뭉친 사회당, 공산당, 급진당 등 좌파 연합은 1936년 4~5월 선거에서 승리하여 인민전선le Front populaire 정부를 수립합니다. 제3공화국에서 처음으로 좌파 정권이 들어선 것입니다.

사회주의자인 레옹 블룸Léon Blum이 내각을 이끌었습니다. 인민전선 내각 아래에서 우리에게도 익숙한 노사정 위원회가 설치됩니다. 세계 최초로 주 40시간 노동제, 연 2주간의 유급 휴가, 단체 협약 등을 규정하지요. 이러한 개혁 정책은 노동자를 위한 정책이었지만, 다른 한편으로 부유층을 불안하게 만드는 정책이기도 했습니다. 개혁 정책에 대한 반감은 농민을 포함한 보수 집단에게 총리 레옹 블룸이 유대인이라는 점을 부각하는 계기가 되었고, 히틀러Adolf Hitler의 반유대인 정책, 반공 정책에도 우호적인 감정을 갖게 만들었습니다. 이러한 상황에서 1940년 6월 13일 독일군이 파리에 입성합니다.

현대

페텡에서 마크롱까지

　　독일군이 파리에 입성하자 미약하게나마 항전의 의지가 있던 폴 레노^{Paul Reynaud} 총리가 사임하고, 1차 세계 대전의 영웅으로 전 국민의 추앙을 받던 페탱 원수가 정권을 인수했습니다. 하지만 페탱은 곧바로 독일에 항복을 선언합니다. 바다 건너 영국에서는 샤를 드골 대령이 BBC 라디오 방송을 통해 "항전을 계속해야 합니다."라고 연설을 했지만 친독일 정부가 들어서는 걸 막지는 못했습니다.

BBC 라디오 방송을 통해 연설
중인 드골 대령의 모습.

논란을 남긴
비시 정부

　　페탱이 이끈 친독일 정부는 프랑스 중부 비시Vichy에
들어섰습니다. 비시는 지금도 유명한 온천 도시입니다. 따라서
많은 호텔 건물을 즉시 관공서로 이용할 수 있다는 장점이 있었
습니다. 비시 정부는 프랑스의 서남부를 포함하여 국토의 약 3분
의 2를 독일 점령 지구에 위임하고, 나머지 동남부 3분의 1만을
관할했습니다.

　비시 정부는 그동안 프랑스 공화국의 상징이었던 '자유·평등·
우애'에 대신하여 '노동·가족·조국'을 새로운 표어로 내세웠습
니다. 노동자들의 파업을 금지하고 노사 간의 협력을 주장했습니
다. '어머니 날'을 제정하여 현모양처의 윤리를, '민족 혁명'을 내

세우며 조국에 대한 충성을 강조하는 등 제3공화국이 이뤄 놓은 진보적 조치를 거꾸로 돌리는 데 힘썼습니다. 학교에서는 종교 교육을 실시하는 등 정교분리 원칙 또한 외면했습니다.

하지만 많은 프랑스인이 비시 정부에 지지를 보냈습니다. 특히 인민전선의 좌파적 조치에 불만을 품고 있던 농민을 포함한 부르주아 등은 페탱을 진정으로 환영했습니다. 당시 대부분의 프랑스인이 페탱주의자라고 해도 과언이 아닐 정도였습니다.

무엇보다 프랑스인들은 1차 세계 대전의 잔혹함을 기억하고 있었습니다. 이들에게 페탱은 비록 독일과 타협했더라도 전쟁이라는 커다란 재앙을 모면할 수 있게 해 준 인물이었습니다. 페탱에 대한 당시의 평가와 해방 직후의 평가는 매우 다르며, 오늘날에도 이 문제는 여전히 논쟁이 되고 있습니다.

같은 시기에 샤를 드골은 런던에 이른바 '자유 프랑스France libre' 라는 망명 정부를 세웁니다. 비록 프랑스 국내에 있는 비시 정부가 '괴뢰 정부'로 여겨진다고 하더라도 2개의 정부가 있었다는 것은 이후 프랑스 역사에서 많은 논란을 낳습니다. 특히 비시 정부의 유대인 정책이 문제였습니다.

비시 정부는 독일의 강요와 별개로 정권 초기부터 독자적인 유대인 차별 정책을 실시했습니다. 프랑스를 쇄신한다는 명분으로 프랑스를 악화시킨 주범을 찾아내 추방하는 조치를 시행하였는데, 바로 그 주범으로 유대인들을 지목했습니다. 게다가 1942년

당시 비시 정부가 내세웠던 선전물의 모습. 게으름, 정치적 선동, 국제주의는 프랑스를 무너지게 할
것이며 노동, 가족, 조국이 프랑스를 바로 세울 것이라는 내용을 담고 있다.

부터는 독일군의 명령에 따라 비시 정권의 경찰들이 직접 프랑스
내 유대인들을 검거하여 아우슈비츠 같은 수용소로 보내기 시작
했습니다.

　해방 직후부터 비시 정부의 유대인 정책에 대해서는 많은 비난
이 쏟아졌습니다. 그러나 유대인 체포 문제를 해방 이후의 프랑
스 정부가 진정으로 책임져야 하는가의 여부는 논란거리입니다.
비시 정부는 괴뢰 정권에 불과했으며 런던의 망명 정부가 진정으
로 당시 프랑스를 대표하는 정부라고 판단한다면, 책임을 묻기가

어려우니까요. 반면에 만약 비시 정부가 프랑스를 대표했다고 보고 이 문제에 책임을 진다면, 망명 정부는 대체 어떻게 여겨야 하는가도 생각해 보아야 합니다. 이처럼 프랑스 현대사에서 비시 정부는 매우 까다로운 문제라고 할 수 있습니다.

피할 수 없는
탈식민화의 물결

프랑스는 영국 못지않게 많은 식민지를 거느린 나라였습니다. 특히 나폴레옹 3세 때 아프리카와 아시아 지역으로 식민지를 확대했습니다. 2차 세계 대전의 종전 이후 프랑스의 식민지들도 하나둘 독립했습니다. 물론 프랑스가 순순히 독립을 허락해 준 것은 아닙니다. 특히 베트남에서는 치열한 전투가 벌어졌습니다. 프랑스는 1954년 중국의 지원을 받는 호치민 세력에게 디엔비엔푸 지역에서 결정적으로 패했습니다. 이로써 프랑스는 인도차이나에서 철수할 수밖에 없었고, 이 지역의 오랜 식민지 시대는 막을 내렸습니다. 아프리카의 여러 국가들도 1960년을 전후로 프랑스로부터 독립했습니다.

하지만 알제리의 독립 문제는 달랐습니다. 1830년부터 식민지였던 알제리에 대한 프랑스인들의 생각은 각별했습니다. 다른 식민지는 그야말로 식민지였으나, 알제리는 프랑스의 일부이기 때문에 분리될 수 없다고 생각했습니다.

역사

1954년 만성절* 시위로 시작된 알제리의 독립 투쟁은 어느 나라보다도 격렬했습니다. 해가 가면 갈수록 알제리와 프랑스는 서로를 용서할 수 없는 원수로 만들어 갔습니다. 알제리는 게릴라전과 테러를 벌였고, 프랑스는 고문과 민간인 학살로 맞섰습니다.

같은 시기 프랑스 국내 정치도 혼란스러웠습니다. 나치 독일이 패망하면서 해방된 프랑스에는 임시 정부를 거쳐 제4공화국이 출범했는데, 내각제 성격의 제4공화국은 매우 불안정했습니다. 제4공화국이 출범한 1946년 10월부터 제5공화국이 들어서는 1958년 10월까지 내각이 스물한 번이나 교체되었을 정도이니까요. 정치권은 많은 사회적 문제를 앞에 두고 분열에 분열을 거듭했고, 식민지 독립 문제에도 일관된 정책을 보여 주지 못했습니다. 정국의 혼란이 계속되고 알제리 사태 또한 심각해지자 정부는 드골 장군에게 수습을 맡겼습니다. 극적인 상황에서 제4공화국의 정권을 맡게 된 드골은 헌법을 개정하여 제5공화국 시대를 열었습니다. 그리고 제5공화국의 첫 대통령이 되었습니다.

새로이 공화국의 대통령이 된 드골은 마침내 알제리의 독립을 결정합니다. 알제리 영토 내에 오랫동안 거주해 온 피에 누아르pieds noirs라 불리는 유럽계 이주민들, 알제리 주둔 군부 세력 등의 격렬한 반대가 있었지만 2차 세계 대전 이후 대세가 된 탈식민화의 흐름을 되돌릴 수는 없었습니다.

　　　● 매년 11월 1일로, 가톨릭에서 '모든 성인의 축일'로 기념하는 날.

드골의 강한 프랑스
"위대하지 않다면 프랑스가 아니다."

　　　　지금도 프랑스는 제5공화국 헌정 질서 속에 있습니다. 기존의 공화정과 달리 제5공화국 대통령의 권한은 막강했습니다. 선거인단에 의해 선출된 7년 임기*의 대통령은 국무총리를 자유롭게 지명했고 국민 의회를 해산시킬 수 있었습니다.

　알제리가 독립한 후, 일단 위기를 넘겼다고 생각한 정당들은 드골 대통령의 권위적 행태에 불만을 품기 시작했습니다. 이에 드골 대통령은 1962년 10월 국민 투표에 의한 직접 선거로 대통령을 뽑도록 헌법을 개정했습니다. 이로써 대통령직의 민주적 토대가 강화되었습니다.

　"위대하지 않다면 프랑스가 아니다."라는 말처럼 드골 대통령은 프랑스를 군사, 외교 면에서 강한 나라로 만들기 위해 노력했습니다. 프랑스는 1960년에 원자 폭탄을, 이어서 1968년에 수소 폭탄을 보유하게 되었으며, 심지어는 핵탄두 발사 로켓을 장착한 핵 잠수함까지 보유하면서 군사 강국이 되었습니다.

　외교 면에서도 미국과 거리를 두고 독자적인 모습을 보였습니다. 베트남 전쟁에 가담했던 미국의 동맹국들을 비난하고, 프랑스 영토 내에 있던 북대서양 조약 기구NATO**의 군사 기지 철수를 요구한 일 등이 대표적입니다. 중동 전쟁에서는 이스라엘을 신랄하게 비난하고, 유럽 국가 중 처음으로 중국 공산당 정부를 승인

● 현재의 프랑스 대통령 임기는 5년이다. 자크 시라크 대통령 때인 2000년에 헌법 개정 투표를 통해 임기를 5년으로 단축했다. 2007년 당선된 사르코지 대통령 때부터 임기가 5년이 되었다.
●● 제2차 세계 대전 이후 사회주의 진영에 대항하기 위해 프랑스를 모함한 유럽 10개국과 미국, 캐나다가 만든 집단 방위 기구.

역사

하는 등 제3의 길을 걸었습니다.

1965년 처음 보통 선거로 치러진 대통령 선거는 몇 가지 중요한 특징을 보였습니다. 우선 미디어의 발달로 각 후보들이 텔레비전에서 발언할 권리를 보장받았습니다. 이는 정치에 대한 대중의 관심을 끌어올리는 계기가 되었습니다. 또 하나의 특징은 여러 정파가 몇몇 거물 정치인을 중심으로 연합하는 일이 벌어졌다는 점입니다. 대표적인 인물이 좌파를 규합한 프랑수아 미테랑입니다. 미테랑은 드골과 결선 투표까지 가는 기염을 토했으며 여기서도 45.5%를 얻어 드골의 간담을 서늘하게 했습니다.

이처럼 드골의 인기가 시들어 갈 즈음 1968년 '5월의 사건들', 68혁명이 발생했습니다. 파리 10대학인 낭테르 대학에서 시작된 학생들의 소요는 곧이어 소르본 대학으로 옮겨 갔고, 학생들은 곧 노동자들과 연대했습니다. 야당도 노동조합도 이들을 통제할 수 없었습니다. 많은 이들이 이제는 제5공화국이 무너질 거라고 생각했습니다. 하지만 같은 해 6월에 실시된 국민 의회 선거에서 드골파 정당은 무사히 과반을 차지했고, 중도파 및 좌파는 패배를 맛보았습니다. 드골은 이듬해 지방 개혁안을 국민 투표에 부쳐 성공하지 못한 것을 계기로 대통령직에서 사임했습니다. 이로써 파란만장했던 드골의 시대가 막을 내렸습니다.

사회주의자 미테랑의
새로운 프랑스

조르주 퐁피두Georges Pompidou와 발레리 지스카르 데스탱Valéry Giscard d'Estaing의 시대를 지나 1981년, 사회주의자 미테랑이 대통령이 되면서 프랑스 정치사는 새로 쓰입니다. 좌파 세력의 단일 후보로 대통령에 당선된 미테랑은 집권 초기 몇몇 은행을 국유화하고 르노자동차, 에어프랑스 등 굵직한 기업을 국영기업으로 전환했으며, 주당 노동 시간을 39시간으로 줄였고, 유급 휴가도 연간 5주로 늘렸습니다. 또한 사형 제도를 폐지했으며, 불법 체류 이민자 상당수를 합법화하는 조치를 취했습니다.

마치 1936년 좌파 연합 정권이었던 인민전선 정부 당시 마티뇽 협약Accord de Matignon● 의 부활을 보는 듯했습니다. 하지만 미테랑의 사회주의 정책은 자본주의 체제의 현실에 부딪혀 그리 오래 지속되지는 못했습니다. 그러한 이유로 미테랑 정부에 대한 평가는 관점에 따라 엇갈립니다. 사회주의 정책에 기대를 걸었던 급진 좌파 세력은 미테랑을 개량주의라 비판했습니다. 제대로 된 사회주의 정책을 펼치지 않고 자본주의에 순응했다고 보는 것이지요. 반면 우파 세력은 그의 사회주의 정책이 과도했다며 혹평을 내놓았습니다.

미테랑의 업적 가운데 오늘날까지 빛을 발하는 큰 공로는 유럽 통합을 확고히 한 일일 것입니다. 1989년 베를린 장벽이 무너지

● 1936년 6월의 총파업 결과 노사 대표들이 총리 공관인 마티뇽에 모여 타결한 합약. 임금 인상, 연 2주간의 유급 휴가, 주 40시간 노동제 등의 내용을 담고 있다.

역사

1987년 프랑스에서 정상 회담을 가진 프랑수아 미테랑 대통령(왼쪽)과 헬무트 콜 독일 수상의 모습. 두 사람은 긴밀히 협력하며 유럽 통합의 토대를 다졌다.

고 1990년 독일이 통일되는 데에는 무엇보다도 유럽 통합을 매개로 한 헬무트 콜Helmut Kohl 독일 수상과 미테랑 대통령, 두 사람 사이의 신뢰가 큰 역할을 했습니다. 1996년 '유럽 시민 미테랑'이 사망했을 때 누구보다 슬퍼했던 인물도 콜 수상이었지요. 미테랑은 1992년, '유럽 공동체'가 '유럽 연합'이라는 새로운 단계로 나아가게 한 마스트리히트 조약Traité de Maastricht의 체결에도 열정적으로 공헌하는 등 유럽 통합의 중요한 초석을 놓았습니다.

다시
오른쪽으로

　　미테랑 이후 대통령에 오른 인물은 우파의 자크 시라크입니다. 그는 1976년 드골파 보수 정치 조직인 공화국연합 Rassemblement pour la République의 창당을 주도했고, 줄곧 강한 프랑스 재건을 꿈꾸었던 드골주의자입니다. 시라크는 1995년 집권과 동시에 미테랑이 금지시켰던 핵 실험을 재개하고 미테랑 정권 시기 국유화된 기업들을 다시 민영화하는 등 프랑스를 미테랑 이전으로 되돌리려 했습니다.

　연임했던 시라크를 이은 대통령은 니콜라 사르코지입니다. 그는 시라크 대통령 아래에서 내무 장관으로 일하면서 강력한 치안 정책을 펼쳐 보수 성향 국민들에게 인기를 얻었습니다. 특히 2005년 약 한 달간 지속된 '이민자 소요'에 단호히 대처했습니다. 이후에도 반무슬림 반이민자 정책을 펼치며 극우파까지 아우르는 정치 지도자로서의 입지를 다졌습니다. 2007년 대통령 선거에서 당선된 사르코지는 자신이 헝가리 이민 2세라는 점을 내세우며 이민자들이 프랑스 사회에 동화되려고 노력해야 한다는 점을 강조했습니다. 그는 보수와 극우를 넘나드는 정책을 지속적으로 펼치며 프랑스를 더욱 보수적인 사회로 끌고 갔습니다. 하지만 사회당의 프랑수아 올랑드가 2012년 대선에서 승리하면서 사르코지는 지스카르 데스탱과 함께 연임하지 못한 또 한 명의

역사

대통령으로 남고 맙니다.

프랑수아 올랑드는 대통령 선거에서 고소득자·대기업·금융권에 대한 증세를 핵심 공약으로 내세웠고, 이민자 문제에 대해서는 관대한 정책을 펴겠다며 지지를 호소했습니다. 또한 재임 기간 동안 프랑스 경찰이 100명 이상의 알제리인을 살해했던 1961년 10월 17일의 사건에 대해 사과하는 등 진보적인 행보를 보였습니다. 하지만 높은 실업률과 경제 위기 앞에서 그의 경제 정책은 점차 우경화됩니다. 증세 정책은 감세 정책으로 바뀌었으며, 주 35시간 노동제를 무력화시키는 고용 유연화 법안인 엘 코므리 법을 추진해 노동조합과 청년 세대로부터 거센 저항을 받기도 했지요. 파리 테러 사건 이후에는 치안 문제에 있어서도 우경화하는 모습을 보여 제5공화국 하에서 가장 인기 없는 대통령이라는 수모를 겪기도 했습니다. 결국 제5공화국에서 처음으로 연임을 포기한 대통령으로 남았습니다.

젊은 대통령 마크롱의 새로운 정치 실험

프랑스는 젊고 강력한 리더십을 원했습니다. 2017년 5월, 39세의 마크롱이 대통령에 당선되었습니다. 그는 사회당 소속인 전임 올랑드 대통령 아래에서 경제 정책을 지휘하던 장관이었으나 중도파 성격의 정당인 전진En Marche을 창당해 대통령 선거에 나섰

에마뉘엘 마크롱은 프랑스 제5공화국의 역대 대통령 가운데 가장 젊다. 2002년 자크 시라크의 결선 투표 득표율(82.2%) 다음으로 높은 득표율(66.1%)로 당선되었다.

고, 그 다음 달인 6월에는 전진하는 공화국La République En Marche으로 당명을 바꾸어 하원 선거를 치러 압도적 과반수를 얻었습니다. 그의 정치적 이데올로기는 '좌도 아니고 우도 아닌' 극단적인 중도에 기초합니다. 따라서 마크롱의 정책은 좌파인 사회당 정권에서는 잘 맞지 않았습니다. 마크롱이 새로운 정당을 만들고 대권에 도전한 이유가 여기 있습니다. 그의 공약과 현재까지의 정책을 살펴보면 노동 개혁, 복지 축소 등을 통한 일자리 창출을 내세웁니다. 기업들이 혜택을 보도록 규제를 개혁해 경제를 살리고 실업률을 줄이겠다는 생각입니다. 전반적으로 사회당이 취했던 정책보다는 우경화한 모습입니다. 마크롱의 등장은 프랑스 정치사에서 분명 새로운 실험입니다. 오랫동안 좌파와 우파가 번갈아 집권하던 프랑스 정치에서 과연 마크롱의 정책은 어떻게 받아들여질지, 새로운 정치 실험이 성공적으로 마무리될 수 있을지 모두 지켜볼 일입니다. 한국에서도 중도를 표방하는 정치인들과 정당들이 마크롱의 프랑스를 예의 주시하고 있기 때문에 우리에게도 전혀 낯선 일은 아닐 것입니다.

제5공화국은 정치적, 사회적으로 분명 안정되어 있으며 국제적으로도 유럽 연합을 이끄는 등 중요한 역할을 맡고 있습니다. 하지만 최근 테러 대처를 위한 헌법 개정 문제, 이민자 문제, 높은 실업률 등 여러 면에서 어려움을 겪고 있고, 사회도 전반적으로 우경화되어 극우파의 입지가 넓어지고 있는 것도 사실입니다. 마크롱이 대통령에 당선될 수 있었던 이유는 기존 정당에 실망한 국민들이 강력한 프랑스를 약속한 그의 비전을 받아들였기 때문입니다. 과연 마크롱은 국민의 기대대로 프랑스가 마주한 문제들을 해결해 나갈 수 있을까요? 새로운 정치 실험에 나선 프랑스의 앞날이 주목됩니다.

● 프랑스의 국가 「라 마르세예즈」의 가사는 왜 그렇게 잔인한가요?

먼저 가사의 일부를 들어 볼까요? "무기를 잡으라, 시민들이여! 그대 부대에 앞장서라! 진격하자, 진격하자! 우리 조국의 밭에 적들의 더러운 피가 넘쳐흐르도록!"

프랑스 혁명이 한창이던 1792년 프랑스 주변의 유럽 군주 국가들이 대불 동맹군을 결성해 프랑스를 침입합니다. 이때 공병 대위 루제 드릴 Claude Joseph Rouget de Lisle이 만든 노래가 바로 「라인 군대를 위한 군가Chant de guerre pour l'armée du Rhin」입니다. 노래는 프랑스 각지로 널리 퍼졌습니다. 특히 1792년 8월, 루이 16세가 머물고 있던 튈르리궁을 공격하기 위해 마르세유에서부터 올라온 의용대가 이 노래를 부르면서 '라 마르세예즈La Marseillaise'라는 이름이 붙었습니다. 당시 프로이센의 장군 브라운슈바이크Herzogs von Braunschweig가 루이 16세가 혁명의 포로가 된다면 파리를 불바다로 만들겠다고 위협하는 바람에 파리의 민중들뿐만 아니라 지방 곳곳의 의용대가 이 노래를 부르며 파리로 집결했거든요. 프랑스 혁명이 가장 치열하게 전개되던 시기의 군가이자, 혁명을 지지하고 유럽의 전제 군주들을 비난하기 위한 노래로 만들어졌기 때문에 그 가사가 노골적이고 폭력적인 내용으로 이루어질 수밖에 없었습니다. 변방에서 시작된 노래는 혁명기의 프랑스인들에게 절절한 국민감정을 심어 주었습니다.

이 노래는 1795년 프랑스 국가가 되었으나 나폴레옹의 등장으로 오래 지속되지 못했습니다. 그러다 1879년 공식적으로 다시 국가가 되었습니다. 프랑스 혁명 200주년이 되던 1989년에 한 나라의 품격에 걸맞은 세련된 표현으로 가사를 바꿀 필요가 있다는 논의가 이루어지기도 했습니다. 전국적으로 새로운 가사를 공모했고, 개사의 필요성에 대해 대국민 여론 조사가 진행되었습니다. 하지만 프랑스 혁명의 역사를 담고 있는 「라 마르세예즈」의 가사를 고수해야 한다는 의견, 다소 과격하지만 프랑스 국민의 힘과 의지를 보여줄 수 있는 노래로 제격이라는 의견이 대세를 이루면서 결국 오늘날까지도 국가로 그대로 사용되고 있습니다.

● 프랑스 혁명 이전의 신분제 사회는 정말로 신분 이동이 불가능한 사회였나요?

본문에서도 언급했듯이 구체제의 신분 제도는 세 신분으로 나뉘어 있었습니다. 제1신분은 성직자, 제2신분은 귀족 그리고 제3신분은 흔히 평민이라고 하지만, 더 정확히 말하자면 1신분과 2신분을 제외한 모든 사람이었습니다. 흔히 신분제라고 하면 인도의 카스트 제도와 같이 신분 간 이동이 거의 불가능한 제도를 생각합니다. 사실 구체제의 프랑스에서도 귀족은 평생 귀족, 평민은 평생 평민으로 태어나 죽는 것이 일반적이기는 했습니다. 하지만 신분 간 이동이 완전히 막혀 있지는 않았습니다. 곰곰이 생각해 보세요. 1신분인 성직자는 결혼을 하지 않고, 공식적으로 자식이 없습니다. 그런데도 1신분이 지속된다는 것은 성직자 신분이 어디에서든 충원된다는 뜻이 아니겠습니까? 2신분 혹은 3신분 출신이 1신분으로 옮겨 오지 않는다면, 아마도 1신분은 어느 날 모두 사라지게 될 것입니다. 그들이 불사조는 아닐 테니까요. 결국 논리적으로도 신분 간 이동은 있을 수밖에 없습니다. 3신분으로 태어났어도 1신분인 성직자가 될 수 있는 길은 열려 있었습니다. 다만 소위 귀족 가문 출신의 성직자들은 대체로 고위 성직을 맡았고, 3신분 출신으로 신부가 된 성직자들은 하위 성직을 맡았는데, 이들은 3신분의 비참한 삶과 거의 다르지 않은 삶을 살았다고 합니다.

성직자가 되는 것만이 유일한 신분 상승의 기회였던 것은 아닙니다. 구체제 후반으로 올수록 부르주아들 가운데에는 상업을 통해 우리가 상상하기 힘들 정도의 부를 축적한 사람들도 있었고, 기술이나 능력을 이용해 뛰어난 사업가가 된 사람들도 있었습니다. 이들 가운데 일부는 귀족이 되기도 했습니다. 예를 들어 루이16세는 관리, 엔지니어, 의사, 도매상인, 은행가 등 300여 명을 귀족으로 임명했습니다. 이외에도 부르주아 가운데에는 돈으로 귀족의 땅과 영지의 이름을 취한 후 시간이 흘러 귀족이 되는 경우가 숱했습니다. 이처럼 구체제의 신분제는 예외가 넘쳐났습니다.

● 들라크루아의 「민중을 이끄는 자유의 여신」을 보면 상반신을 드러낸 채 한 손에는 프랑스 국가인 삼색기를, 다른 손에는 긴 총을 들고 있는 여인의 모습이 있습니다. 이 사람은 누구인가요?

프랑스를 상징하는 여성이 누구냐고 물어보면 대부분 잔 다르크를 꼽습니다. 하지만 같은 질문을 프랑스인들에게 던진다면, 더 구체적으로 '프랑스 공화국'을 상징하는 여성은 누구냐고 묻는다면 상당수는 마리안^{Marianne}을 말할 것입니다. 들라크루아의 그림 속 인물이 바로 마리안입니다.

마리안은 실존 인물이 아닙니다. 프랑스 공화국, 더 나아가서는 자유 혹은 혁명의 상징으로서 만들어진 인물이지요. 마리안은 어떻게 공화국

들라크루아의 「민중을 이끄는 자유의 여신」은 1830년 7월 혁명을 기념하는 작품이다.

을 상징하는 인물이 되었을까요? 프랑스 혁명 당시 공화주의자들은 민중들에게 생소한 '공화국 체제'를 효과적으로 설명할 방법을 고민했습니다. 오늘날 우리는 '공화국'이라는 정치 체제를 쉽게 받아들이지만, 당시 사람들에게는 공화국이라는 용어 자체가 정말 낯선 것이었거든요. 공화주의자들은 민중들이 '많은 사람을 단두대에서 처형하는 폭력적이고 잔인한 정치 체제'가 공화국이라고 오해할까 봐 걱정했습니다. 문맹률이 높았던 당시 민중을 생각한다면 글보다는 시각적으로 무언가를 보여 주는 것이 효과적이었을 것입니다. 그런 배경에서 마리안이 탄생했습니다.

남성이 아닌 여성을 상징적 인물로 택한 데에는 친근한 인상을 강조하려는 전략이 숨어 있었으리라 짐작해 봅니다. 게다가 프랑스어는 명사를 여성형 명사와 남성형 명사로 구분하는데, 프랑스la France, 공화국la République, 혁명la Révolution, 자유la Liberté가 모두 여성형 명사이기도 합니다. 혁명가들은 공화국을 상징하는 이 인물에게 당시 가장 평범하고 친근한 이름이었던 마리Marie와 안Anne을 합쳐 마리안이라는 이름을 붙여 주었습니다. 또한 붉은색 프리지아 모자를 씌웠습니다. 프리지아 모자는 그리스와 로마에서 해방된 노예들이 쓰던 것으로 자유를 상징합니다. 이렇게 공화국은 마리안을 통해 민중 곁으로 다가갈 수 있었습니다.

프랑스 우표와 유로화 동전을 비롯해 프랑스 이곳저곳에서 공화국의 상징인 마리안을 만나 볼 수 있습니다. 시청, 의회 등 프랑스의 모든 관공서에도 마리안의 흉상이 자리하고 있습니다. 미국 독립 100주년을 맞이해 프랑스가 미국에 선물한 자유의 여신상도 마리안의 다른 모습이라고 할 수 있습니다.

열린 국경,

03 »

공존하며 살아 오다

육각형의 나라

거대하고 비옥한 땅

　　'투르 드 프랑스Le Tour de france'에 대해 들어 보았나
요? 프랑스 국토를 한 바퀴 도는 이 경기는 세계에서 가장 유명
한 자전거 경기일 겁니다. 투르 드 프랑스는 무더운 7월에 열립
니다. 선수들은 20일 남짓 땡볕 아래에서 약 3,500km를 달려야
합니다. 완주 자체가 큰 도전인 힘든 경기이지만, 코스를 따라가
다 보면 알프스의 몽블랑, 노르망디의 해변 등 그림 같은 풍경이
펼쳐집니다. 그래서 사람들은 투르 드 프랑스를 '천국에서 펼치
는 지옥의 레이스'라고 표현하지요. 그럼 지금부터 다채롭고 풍
요롭기로 유명한 프랑스 국토를 들여다볼까요?

지리

투르 드 프랑스는 1903년 처음 시작되었다. 대회 코스는 매년 바뀌지만 선수들이 향하는 결승점은 늘 파리의 샹젤리제 거리다.

육각형의 나라

프랑스는 서유럽에서 가장 큰 땅을 차지하고 있습니다. 땅덩어리가 육각형을 닮아 프랑스 사람들은 자기 나라를 흔히 '육각형Hexagone'이라고 부릅니다. 우리가 우리나라를 '한반도'라고 부르는 것처럼요. 프랑스는 서유럽의 중심에 위치해 있는데, 서쪽과 남쪽은 각각 대서양과 지중해로 둘러싸여 있고 북쪽은 영국 해협과 북해에 면해 있으며, 동쪽은 바다가 아니라 다른 나라와 국경을 접하고 있습니다. 국경이 맞닿은 나라를 보면 동쪽에는 독일, 스위스, 이탈리아가 있고, 북쪽으로 벨기에, 룩셈부르크가, 남쪽으로는 에스파냐가 있습니다. 한편 남아메리카, 카리브해, 인도양, 남태평양 등에 해외 영토가 흩어져 있는 것도 프랑스의 특징입니다.

프랑스 본토의 크기는 55만 제곱킬로미터이고, 해외 영토까지 합치면 64만 제곱킬로미터가 됩니다. 프랑스의 면적은 한반도의 두 배 반, 남한과 비교하면 다섯 배쯤 큽니다. 독일이나 영국하고 비교하면 어떨까요? 독일의 면적은 35만 제곱킬로미터이고 영국은 24만 제곱킬로미터입니다. 그러니 프랑스는 유럽에서 명실공히 가장 큰 나라라고 할 수 있을 것입니다. 하지만 인구 면에서는 그렇지 않습니다. 독일의 인구는 8,000만 명이 넘고, 영국의 인구도 면적에 비하면 상당히 많아 6,300만 명을 넘는데 프랑스 인구는 6,600만 명이니 인구 밀도는 낮은 편이라고 하겠습니다.

이렇게 큰 영토의 상당 부분은 평지입니다. 남쪽의 피레네 산맥, 동쪽의 알프스 산맥을 제외하면 프랑스 영토 대부분은 평지나 완만한 구릉지입니다.

드넓은 평지
눈으로 덮인 '유럽의 지붕'

프랑스의 넓은 평지와 관련해 많이들 이야기하는 유머가 하나 있습니다. 프랑스는 국토가 대부분 평지로 되어 있

어 항상 적이 침투할 것을 염려해서 눈을 크게 뜨고 봐야 했기 때문에 유명한 화가가 많고, 독일은 숲이 많아 적의 침투를 대비해 항상 귀를 쫑긋 세워야 했기 때문에 유명한 음악가가 많다는 것이지요. 우스갯소리이지만 두 나라 국토의 특징을 잘 설명하는 이야기입니다.

고속 열차 테제베^{TGV}를 처음 한국에 도입한다고 했을 때, 프랑스에서 이 기차를 타 본 사람들은 매우 의아했을 것입니다. 프랑스는 테제베를 타고 몇 시간을 달려도 산을 볼 수 없을 정도로 드넓은 평지를 가진 나라인 반면 우리나라는 국토의 70%가 산으로 이루어져 있으니까요. 프랑스처럼 끝없는 평원을 질주하는 데

몽블랑은 기상 악화도 잦은 편이며, 만년설 지대에는 얼음이 갈라진 틈(크레바스)도 많다. 경험이 풍부한 전문 산악인에게도 오르기 쉽지 않은 산이다.

적합한 고속 열차가 과연 한국의 지형에 어울릴까 의문이 들었을 것입니다. 서울에서 부산까지 4시간 반 이상 걸리던 기존 철도에 비하면 2시간 40분 정도로 시간을 단축했으니 큰 변화를 가져왔다고 생각합니다. 그럼에도 수많은 터널과 다리를 건설하고, 터널 내에서는 속도를 늦추어야 하는 등의 단점을 따져 본다면 새로운 기술이나 문물을 들여올 때 현지의 사정을 고려하는 것이 중요하다는 생각은 듭니다.

우리나라처럼 도시 근교에 산이 있는 것은 아니지만 그렇다고 프랑스 영토가 완전히 평지로만 이루어진 것은 아닙니다. 알프스가 있거든요. 유럽의 지붕이라고 부르는 알프스 산맥은 프랑스, 스위스, 오스트리아, 이탈리아에 걸쳐 있지만, 많은 사람이 프랑스의 산으로 알고 있지요. 우리에게는 알프스에서 가장 높은 4,807미터 높이의 산봉우리 몽블랑^{Mont Blanc}이 익숙합니다. 프랑스어로 '흰 산'이라는 뜻의 몽블랑은 만년설로 덮여 있어 언제나 하얗게 보입니다.

만년설이 있는 알프스는 등산과 스키 등으로 프랑스인들뿐만 아니라 많은 외국인 관광객을 끌어 모읍니다. 프랑스에는 기나긴 여름 방학 이외에 2주가량의 방학이 네 차례나 더 있는데, 2월 중순에 있는 방학을 사람들은 다들 '스키 방학'이라고 부릅니다. 전국을 3개의 권역으로 나누어 서로 스키 방학 날짜를 달리하고 있습니다. 너무 붐비지 않게 스키를 즐길 수 있도록 하는 것이지요.

프랑스와 세계를 잇는 바다

프랑스를 둘러싼 바다를 살펴볼까요? 프랑스는 반도가 아님에도 지중해, 영국 해협, 대서양, 이렇게 세 바다로 둘러싸여 있습니다. 우리에게 가장 잘 알려진 바다는 지중해이겠지요. 지중해에 있는 니스, 칸, 마르세유 등은 넓고 검푸른 바다, 광활한 백사장으로 유명한 관광지이기도 하지요.

지중해는 '로마의 호수' '세계의 바다'라는 별명이 보여 주듯 그리스 로마 시대 이래로 세계사와 뗄 수 없는 긴밀한 관계를 맺어 왔습니다. 일찍부터 메소포타미아, 이집트, 페니키아, 카르타고, 그리스, 레반트, 로마, 튀르크 등 다양한 문명들이 문화를 주고받았던 공간입니다. 유럽뿐만 아니라 동쪽은 아시아, 남쪽은 아프리카로 둘러싸여 있는 이 바다는 그야말로 교역의 마당이자 전쟁터였던 역사성 가득한 바다입니다. 프랑스도 이 바다로부터 문물과 이민자를 받아들여 왔으니, 지중해는 오늘날 프랑스를 구성하는 데 상당한 역할을 한 길목이라고 할 수 있습니다.

프랑스 사람들은 북서쪽의 바다를 라 망슈la Manche라고 부릅니다. 하지만 우리에게는 영국 해협이라는 이름으로 더 많이 알려져 있지요. 마찬가지로 파드칼레Pas de Calais®라는 프랑스식 이름보다 영국식 이름으로 더 유명한 도버 해협은 북해와 영국 해협을 잇는 좁은 수역입니다. 파pas는 한 걸음을 뜻하는 프랑스어로, 파드칼레는 칼레 바로 옆이라는 뜻이 되겠습니다. 1995년 이 도버 해협에 프랑스와 영국을 연결하는 해저 터널인 유로 터널이 뚫렸습니다. 이 터널을 통해 파리와 런던을 잇는 고속 열차 유로스타가 달리게 된 이후로 양국의 수도를 오가기 위해 배를 타거나 비행기를 이용할 필요가 없어졌지요. 그 덕분에 파리와 런던은 일일 생활권이 되었습니다.

영국 해협에는 노르망디 상륙 작전으로 많이 알려진 노르망디 해변도 있습니다. 영국을 마주하고 있기에 상륙 작전의 최적지로 선택되었고, 이 작전이 성공적으로 수행된 덕에 연합군이 2차 세

지리

● 바다가 아닌 파드칼레(Pas-de-Calais)라는 행정 구역도 있으니 유의해야 한다.

계 대전에서 승리할 수 있었습니다. 그러나 이 해변의 아름다운 도시들을 생각해 보면, 어쩐지 전쟁과는 어울리지 않는다는 느낌이 듭니다.

노르망디에는 아름다운 해변 도시 페캉 외에도, 패션 디자이너 샤넬Gabrielle Chanel이 매장을 운영하며 어부에게서 패션의 영감을 얻은 것으로 알려진 도시 도빌, 모네Claude Monet라든가 부댕Eugène Louis Boudin 같은 화가들의 그림으로 더 잘 알려진 에트르타 등이 있습니다. 프랑스 최대 관광지 가운데 하나로 알려진 몽생미셸도 빼놓을 수 없겠지요.

한편 대서양은 유럽과 아프리카, 아메리카 대륙 사이에 있는 커다란 바다로 프랑스에서는 서쪽 바다라고 할 수 있습니다. 라로셸, 낭트, 보르도 등이 대서양에 면해 있는 주요 도시들입니다. 라로셸은 프랑스에서는 드문 프로테스탄트 도시로 알려져 있습니다. 이 도시는 16세기 칼뱅Jean Calvin의 이론을 받아들인 프랑스 신교도 위그노들의 거점이었습니다. 낭트는 우리에게 '낭트 칙령'으로 익숙하지요. 위그노에 종교의 자유를 허용한 것이 바로 낭트 칙령의 내용이었죠. 보르도는 '물 근처bord eaux'라는 의미대로 가론강에 인접하며, 대서양에서 매우 가까운 도시입니다. 보르도 지역은 포도주 산지로 매우 잘 알려져 있습니다. 축구를 좋아한다면 프랑스 리그에서 꽤 인기가 있는 축구팀인 FC 지롱댕드보르도FC Girondins de Bordeaux를 알고 있을지도 모르겠네요.

파리와 일드프랑스

프랑스의 시작

프랑스의 수도 파리는 행정 구역상 일드프랑스^{Île de} France에 속해 있습니다. 일드프랑스는 행정적으로 구분된 13개의 지방^{région} 가운데 하나입니다.● 일드프랑스라는 이름을 말 그대로 번역하면 '프랑스의 섬'입니다. 이런 이름이 붙은 것은 지리적인 면에서 일드프랑스가 우아즈강, 마른강, 센강 및 그 지류들에 둘러싸여 있어서 마치 바다에 떠 있는 섬처럼 보이기 때문이라고 합니다.

또는 프랑크족이 사용하던 '리들 프랑크^{liddle Franke}'라는 말에서 일드프랑스가 유래했다는 주장도 있습니다. 여기서 리들 프랑크

지리

● 프랑스는 22개 지방으로 나뉘어 있다가 2016년 1월 1일 통합을 통해 국내 13개, 해외 5개의 지방으로 재구성되었다.

169

란 작은 프랑스^{petite France}라는 의미입니다. 리들 프랑크라는 명칭은 1387년 공식 문서에서 처음 등장합니다. 14세기 후반 기록에서야 찾아볼 수 있다는 이유로 '일드프랑스'라는 이름과 프랑크족 용어의 연관성을 부인하는 의견도 있습니다.

프랑스의 시작

현재 프랑스의 지방 단위 행정 구역은 중세 영주들의 영지 구분과 일치하는 경우가 많습니다. 각 지방은 중세부터 시작된 영토적, 역사적 특성을 간직하고 있지요. 그런데 봉건 영주들이 다스렸던 지방 영지들과는 다르게 파리와 일드프랑스는 왕실이 직접 관리하는 땅이었습니다. 중세의 일드프랑스는 말 그대로 프랑스 안에 존재하는 '작은 프랑스' 혹은 '섬'처럼 왕의 힘이 직접적으로 미치는 최소한의 경계였습니다.

파리 센강 안에 있는 시테섬은 프랑스의 모태라고 할 수 있는 프랑크 왕국이 처음 세워진 곳입니다. 갈리아 지방을 정복한 클로비스왕은 시테섬을 프랑크 왕국의 기반으로 삼았습니다. 시테섬과 그 주변은 '파리'라는 이름으로 불리며 오랫동안 왕국의 수도 역할을 해 왔습니다. 위그 카페 왕조 또한 파리를 중심으로 근대적 왕정 국가로 발전했습니다. 지금은 박물관으로 변한 센강 근처의 루브르궁을 보면 이곳이 프랑스 왕국의 심장이었음을 실감하게 됩니다.

파리 북쪽으로 맞닿은 도시인 생드니에 있는 대성당 바실리카 생드니의 지하에는 카페 왕조 이후 거의 대부분의 프랑스 왕과 왕비들의 무덤이 모셔져 있습니다. 프랑크 왕국부터 프랑스 혁명으로 몰락한 부르봉 왕가에 이르기까지 1,000년 넘게 이어 온 프랑스 왕국의 역사가 이곳에 남아 있습니다. 왕정 몰락의 상징처럼 여겨지는 루이 16세의 묘도 이곳에 있지요. 이와 같이 파리와 일드프랑스는 프랑스 왕국의 역사가 시작된 곳이자 국왕들의 마지막 안식처가 있는 곳입니다.

왕을 불편하게 하는 혁명의 도시

　　　　왕조의 시작이자 중심이었던 파리는 역설적이게도 왕들이 불편해하는 도시였습니다. 예컨대 백 년 전쟁 중 가장 큰 전투 가운데 하나였던 아쟁쿠르의 싸움에서 프랑스가 잉글랜드에 패하자 파리시는 잉글랜드와 동맹을 맺고 카페 왕조의 반대편에 서 있던 부르고뉴파°를 지지했습니다. 그 때문에 샤를 7세는 백 년 전쟁이 끝난 후에도 파리에 머무는 것에 회의적이었지요.

　강력한 절대 왕권의 상징으로 알려진 루이 14세도 파리를 떠나 베르사유에 궁을 지었습니다. 그가 5살이라는 어린 나이에 왕위에 올랐을 때 빡빡한 세금 정책에 반발한 파리 시민들이 빈번히

● 백 년 전쟁 후반기에 프랑스 국내를 양분하여 정권 다툼을 벌인 귀족 세력의 하나. 부르고뉴 공을 중심으로 하여 잉글랜드의 후원을 받았다.

지리

봉기를 일으켰거든요. 그때마다 어린 루이 14세는 근교에 있던 다른 성으로 피난을 다녀야 했습니다. 그와 같은 나쁜 기억 때문에 루이 14세는 파리에 사는 것을 원치 않았습니다.

일찍부터 자치의 전통이 강했던 파리는 프랑스 공화국 탄생의 기초를 닦으며 혁명과 저항을 상징하는 도시로 성장합니다. 파리 민중들의 바스티유 감옥 함락이 프랑스 혁명을 진전시켰다는 것은 이미 많이 알려져 있습니다. 프랑스 혁명이 절정이던 1793년에 혁명을 이끌었던 이들 대부분은 파리를 기반으로 활동한 자코뱅파 출신이었습니다.

파리의 혁명성은 19세기에도 두드러집니다. 나폴레옹의 몰락 이후 집권한 복고 왕정의 보수성에 반발하여 들고 일어난 1830년 7월 혁명이 대표적인 예입니다. 가슴을 드러낸 여인이 깃발을 들고 흔드는 모습을 그린 들라크루아Eugène Delacroix의 「민중을 이끄는 자유의 여신」이 바로 이 7월 혁명을 기념하는 작품이지요.

산업화로 인해 파리와 그 주변 지역으로 노동자들이 몰려들면서 1848년 파리는 인구 100만에 육박하는 대도시가 됩니다. 하지만 노동자들의 삶의 조건은 열악하기 그지없었습니다. 게다가 1847년의 경제 불황으로 상황이 악화되자 재산이 있어야 선거 자격이 주어지는 제한 선거제에 대한 불만이 커졌습니다. 정치적 평등을 이루려는 노동자들의 열망이 절정에 다다른 결과, 1848년 2월 22일 '2월 혁명'이 일어납니다. 그리고 프랑스 혁명 시기에 탄생했던 제1공화국의 이상을 재현하고자 제2공화국이 출범합니다.

파리지앵은 누구?

현재의 파리시는 행정 구역상 20개의 구^{arrondissement}로 구성되어 있습니다. 파리 중앙의 1구부터 시작해 달팽이 모양처럼 시계 방향으로 돌아가며 숫자가 점점 커지면서 구의 번호가 매겨집니다. 중앙의 1구는 파리 역사가 시작된 곳으로 가장 오래된 구역입니다. 이곳은 과거 정치와 상업의 중심지였습니다. 루브르궁, 튈르리 정원, 그리고 중세의 대규모 상업 지구로 상인들의 피난처였던 레알 지역이 1구에 속합니다. 반면 파리 북쪽에 위치한 20구는 19세기 중반에 형성된 곳으로 가장 마지막에 만들어진 구역입니다. 산업화 이후 노동자, 장인들이 모여들면서 생성된 곳으로 대표적인 서민 구역에 해당합니다.

우리가 흔히 '파리에 사는 사람'이라는 의미로 알고 있는 '파리지앵^{parisien}'은 바로 이 1구에서 20구 안에 살고 있는 사람들입니다. 파리지앵은 남성형 일반 명사이고 여성의 경우 파리지엔^{parisienne}이라고 합니다. 지도에서 보면 파리시는 둥그렇게 생긴 일드프랑스의 중심에 위치한, 마치 약간 일그러진 핵과 같아 보입니다. 그 둥근 파리시의 경계를 따라 파리 외곽 순환 도로가 띠를 두르고 있는데, 일명 '페리페리크^{phériphérique}'라 부르는 그 외곽 순환 도로가 파리를 구분 짓는 셈이지요.

적군도 사랑한
파리

　　　중세부터 현대에 이르기까지 프랑스 작가 가운데
파리를 언급하지 않은 이는 거의 없다고 할 정도로 파리는 문인
들에게 특별한 곳으로 여겨집니다. 이탈리아의 르네상스 문화가
프랑스에 전해진 이후부터 18세기까지, 프랑스는 유럽의 문화적
중심이었습니다. 그 핵심에는 단연코 파리가 존재했지요. 프랑스
인들뿐만 아니라 유럽인들 또한 파리를 사랑했습니다.

　전쟁 중에도 그 사랑은 유효했습니다. 제2차 세계 대전 당시
일찌감치 독일에 항복한 프랑스의 영토는 점령 지구와 비점령 지
구로 영토가 나뉘었습니다. 프랑스 중부에 있는 온천 휴양 도시
비시를 중심으로 남프랑스까지 연결하는 지역은 비점령 지구로,
대독 협력 정부의 통제 하에 있었습니다. 한편 파리는 독일이 직
접 통치하는 점령 지구에 속했지요. 이 시기는 프랑스로서는 역
사적 치욕감을 떨칠 수 없었던 기간이었습니다. 18세기까지 자신
이 유럽의 주인공이라 여겼던 프랑스가 영토를 상실한 것도 모자
라 수도까지 점령당했으니 그 수치와 모욕감은 이루 말할 수 없
는 것이었지요.

　1944년 6월 나치 독일이 거의 차지해 버린 유럽 대륙을 탈환하

2차 세계 대전 당시 파리를 점령한 독일군의 모습. 히틀러와 독일 군인들의 뒤로 에펠탑이 보인다.

고자 연합군이 노르망디 상륙 작전을 벌인 이후, 베를린 본부는
더 이상 파리를 지키기가 어렵다는 것을 알았습니다. 당시 파리
를 담당하고 있던 콜티츠Dietrich von Choltitz 장군에게 히틀러의 명령
이 내려왔습니다. 연합군에게 파리를 그대로 내어 줄 수는 없으
니 후퇴하게 될 시에는 불을 질러 역사적 유물을 비롯한 모든 건
물을 잿더미로 만들어 버리라는 명령이었습니다. 이 일화는 「파
리는 불타고 있는가?」(1966)라는 영화에서도 다루어집니다. 영화
의 끝 무렵 베를린에서 파리로 한 통의 전화가 걸려 옵니다. 수화
기 너머 절규하는 히틀러의 목소리가 울려 퍼지지요. "파리는 불
타고 있는가?"

하지만 콜티츠 장군은 히틀러의 명령을 따르지 않았습니다. 차마 파리에 불을 지를 수는 없었던 것이지요. 아이러니하게도 파리를 사랑한 독일 장군 덕에 파리는 현재의 모습을 유지할 수 있었습니다. 콜티츠 장군은 당시 파리 레지스탕스들에게 곤욕을 치렀고, 전범 재판소에도 불려 가지만 결국 그 공을 인정받아 1947년에 석방되었습니다. 파리를 살린 데 대한 감사의 표시로 파리시는 그에게 명예 시민증도 주었다고 하지요. 만일 이때 파리가 잿더미가 되었다면, 지금 파리는 어떤 모습일까요?

노르파드칼레

보수화된 노동 운동의 성지

여러분도 어릴 적 『플랜더스의 개』라는 동화책을 읽었던 기억이 있죠? 우리에게는 영어 발음인 플랜더스로 더 익숙한 그곳은 바로 프랑스 북부와 벨기에에 걸쳐 있는 플랑드르 지역입니다. 중세 이래 플랑드르 백작령에 속했던 노르Nord는 태양왕 루이 14세 하에서 프랑스 왕국의 영토가 되었습니다.

노르는 북쪽이라는 뜻 그대로 프랑스의 가장 북쪽에 위치해 있습니다. 2016년에 프랑스가 행정 구역을 재정비하며 현재는 노르, 파드칼레Pas-de-Calais, 피카르디Picardie가 하나의 지방이 되었으나 과거 오랫동안 노르와 파드칼레를 합쳐 노르 지방으로 불렀습니다.*

제르미날
노동 운동이 싹트다

　　노르는 프랑스의 대표적인 산업 지대입니다. 노르
지역을 배경으로 한 문학 작품 가운데 가장 유명한 것은 1885년
발표된 에밀 졸라의 소설 『제르미날Germinal』입니다. 제르미날은
프랑스 혁명기에 만들어진 새로운 달력인 혁명력의 일곱 번째 달
을 가리킵니다. 이 말은 프랑스어로 '기원' 혹은 '싹'이라는 의미
의 '제르므germe'에서 온 것입니다. 따라서 이 소설의 제목은 '노
동 운동의 기원'을 상징하는 것이겠지요.

　『제르미날』은 1866년 프랑스 노르 지역의 광산에서 발생한 파
업을 소재로 하고 있습니다. 나폴레옹 3세 치하에서 프랑스 노동
자들이 어떤 환경에 놓여 있었으며, 자본가들은 노동자들을 어떻
게 대했는지, 왜 노동자들이 단결하여 파업에 이르게 되었는지를
생생하게 보여 주고 있지요.

　한편, 노르의 푸르미Fourmies라는 도시는 프랑스 직물 산업의 중
심지이자 노동 운동의 진원지라고도 할 수 있습니다. 1891년 5월
1일 푸르미에서 8시간 노동제와 임금 인상을 요구하는 시위가 일
어났습니다. 시 당국은 군대를 동원했고, 이로 인해 9명의 사망
자가 생겼습니다. 이 사건은 언론에 대대적으로 보도되었고, 정

● 행정 구역 개편 직후에는 노르파드칼레피카르디라는 명칭을 임시로 사용하
다가, 이후 '프랑스의 위쪽'이라는 의미의 오드프랑스(Hauts-de-France)로 지
방 이름을 확정해 부르고 있다.

소설 「제르미날」은 1990년대 초반 사회당 정부의 전폭적인 지원을 받아 영화로도 제작되었다. 사진은 영화 「제르미날」의 한 장면.

치적으로도 커다란 논란이 되었습니다. 당시 희생자 영결식에서 3만 명이 넘는 사람들이 관을 따랐다고 합니다. 푸르미 시위는 미국 바깥에서 벌어진 첫 번째 노동절 기념 시위였습니다. 이 시위를 계기로 5월 1일은 세계 모든 노동자들의 기념일이 되었습니다.

전통 산업의
위기

노르는 산업이 발달한 지역이었기 때문에 그에 따른 노동 분규 또한 끊이지 않았습니다. 노르 지역의 중요 산업인

섬유 산업과 탄광업은 전통 산업의 일환으로 첨단 산업과는 거리가 멉니다. 따라서 이 산업들이 쇠퇴하면서 지역의 실업률이 높아졌고 그 분노는 일찍이 산업 개편을 하지 못한 정부와 지자체를 책임지고 있는 정당으로 향했지요.

사실 전통 산업이 위기를 맞이한 것은 어제오늘의 일이 아닙니다. 이미 19세기 말부터 이 지역의 산업은 어려움을 겪었습니다. 특히 2차 세계 대전 이후에는 탄광 산업이 우선적으로 위기를 맞았습니다. 탄광 마을에는 탄광 노동자들뿐만 아니라, 이들의 생활과 연결된 수많은 공동체가 있기 마련입니다. 인간의 생활은 대부분 거미줄처럼 연계되어 있기 때문이지요. 노동자들이 퇴근 후에 유흥 및 오락에 얼마나 지출하느냐에 이 지역 자영업자들의 생계가 달린 것은 자연스러운 이치입니다. 따라서 탄광 산업의 위기는 곧 지역의 위기였습니다.

탄광 산업이 사양 산업이 되면서 여성 노동자들의 경우 조금이나마 보수가 나은 직물 산업으로 일자리를 옮겨 갔습니다. 오늘날에도 노르의 직물 산업은 프랑스 전체 생산량의 약 30%를 차지하고 있습니다. 하지만 기계화 등의 영향으로 1950년대 19만 명이던 산업 종사자 수가 최근에는 5만여 명으로 급격하게 줄었습니다. 그런대로 생명력을 유지하는 까닭은 오늘날 새로운 현상으로 자리 잡게 된 온라인 판매 덕분입니다. 프랑스의 대표적 온라인 판매점인 라 르두트La Redoute, 레 트루아 스위스Les Trois Suisses,

다마르트^{Damart}와 대형 마트 오샹^{Auchan} 등의 판매처를 통해 간신히 명맥을 유지하고 있는 정도입니다.

보수화된
노동 운동의 성지

　　　　　오늘날의 노르는 이민자 문제로도 많이 알려져 있습니다. 벨기에와 지리적으로 이웃하고 있는 노르 지역은 과거부터 일자리를 얻으려는 벨기에인으로 북적거렸습니다. 벨기에인들은 계절노동자로 노르에 잠시 머물렀다가 돌아가는 일이 다반사였습니다. 파업 대체 노동자로 많이 고용되었기 때문에 프랑스 노동 운동을 방해하는 훼방꾼으로 낙인찍히기도 했습니다.

　정치적인 측면에서 최근까지도 프랑스 북부의 산업 지대는 좌파가 장악하고 있었습니다. 비록 지역 산업은 사양길을 걷고 있지만 여전히 노동자의 고향과도 같은 지역이었으니까요. 하지만 변화가 일어나게 됩니다. 그동안 이 지역의 맹주 역할을 해 온 프랑스 공산당과 사회당이 극우 정당에 서서히 자리를 내주게 된 것입니다. "200만의 실업자는 200만의 이민자 때문이다.""일자리가 하나 생기면 우선적으로 프랑스 노동자에게!" 같은 극우 정당 구호는 이 지역 노동자들에게 달콤한 유혹과도 같았습니다.

　최근에 있었던 선거를 예로 들어볼까요? 2015년 프랑스 지방 선거에는 파란이 일었습니다. 반유대주의와 확고한 이민 반대를 주장함으로써 한때 기피 정당의 대명사였던 극우 정당 민족전선이 1차 투표에서 전체 득표율 1위를 차지했습니다. 전체 13개 지방 중 6개 지방에서 민족전선이 선두를 달렸습니다. 민족전선의 대표인 마린 르펜^{Marine Le Pen} 역시 노르파드칼레피카르디 지방에 출마해 1차 투표 1위를 차지했습니다.

이러한 경향은 2017년 프랑스 대통령 선거에서도 이어졌습니다. 노르파드칼레피카르디 지방의 결과만 따로 살펴보면 1차 투표에서 민족전선의 후보 마린 르펜은 31%의 득표율을 얻은 반면 마크롱의 득표율은 19.5%에 불과했습니다. 하지만 결선 투표에서 마크롱은 나머지 정당들의 지원에 힘입어 이 지방에서 52.5%를 얻었고, 마린 르펜은 47%를 얻었습니다. 47%는 1차 투표의 31%를 훨씬 웃도는 득표율일 뿐만 아니라 마린 르펜의 전국 평균 득표율인 33.9%보다도 높은 수치입니다. 민족전선에 대한 이 지역의 지지는 상당히 견고합니다. 이제 프랑스 북부 산업 지대에서 공산당이나 사회당은 더 이상 노동자를 대표하지 못하게 된 것입니다.

알자스로렌

프랑스와 독일 사이

　"오늘은 스위스에 들러서 치즈를 사고, 독일에 가서는 공산품을 사고, 프랑스에서 해산물을 사야겠군." 이게 무슨 엉뚱한 소리냐고요? 터무니없어 보이지만 실제 접경지대에 살고 있는 사람들에게는 충분히 가능한 일정이랍니다. 유럽에서는 국경을 넘는 일이 그리 번거롭지 않거든요. 반도 국가임에도 분단이라는 비극에 갇혀 섬처럼 고립된 우리에게는 아주 낯선 풍경이지만요.

　유럽 국가들은 국가 간 경계가 무릅니다. 심지어는 표지판 하나로 경계를 구분하기도 합니다. 그럴 만도 한 것이 19세기 중반만 해도 유럽 각국 민족의 역사와 지리는 아직 확정되지 않았습니다. 백 년 전쟁을 겪으며 프랑스인들에게 국민감정이라는 것이 생겼다고는 하지만 오늘날과 같이 뚜렷한 민족의식이나 정체성, 국적에 대한 인식이 존재했다고 보기는 어렵습니다. 예컨대 루이 13세 때 왕을 도와 프랑스의 재정과 왕권 강화에 기여했던 재상 마자랭이나 루이 14세를 흠모하며 프랑스에서 활약했던 작곡가 륄리Jean-Baptiste Lully 등은 엄밀히 말해 이탈리아인이었습니다. 이런 상황이니 알자스로렌Alsace et Lorraine처럼 변경에 속하는 곳의 역사와 지리를 자기 민족의 것으로 주장하는 일은 프랑스나 독일 그 어느 쪽 입장에서도 쉬운 일이 아닐 것입니다.

프랑스와 독일이
만나는 곳

알자스로렌은 프랑스와 독일의 경계인 라인강 기슭에 자리 잡고 있습니다. 프랑스 입장에서 이 지역은 라인강과 아르덴 고원을 이용해 프랑스 동쪽 국경을 방어할 수 있는 천혜의 장벽일 뿐 아니라 라인강과 연결된 독일의 주요 교통로를 단절시킬 수 있는 전략적 지역입니다. 반면 독일 입장에서는 라인강을 통해 대서양으로 진출할 수 있다는 점에서 중요한 지역이지요. 그뿐만 아니라 이 지역에는 철광석이 풍부하게 매장되어 있어, 제1차 세계 대전 이전에 독일 철강 산업이 필요로 하는 철광석의

3분의 1 이상을 로렌 지역이 담당했다고 합니다. 결국 두 나라 모두에게 알자스로렌은 전략적으로나 산업적으로 매우 중요한 지역인 셈이지요.

우리에게 이 지역은 프랑스 작가 알퐁스 도데Alphonse Daudet가 쓴 단편 소설 「마지막 수업La dernière classe」의 배경으로 잘 알려져 있습니다. 소설은 1870년 프랑스-프로이센 전쟁에서 프랑스가 패한 후 이 지역이 프로이센에 합병된 상황을 배경으로 하고 있습니다. 학교에서 더 이상 독일어 이외의 언어를 가르칠 수 없다는 명령이 내려왔기 때문에 교실에서는 마지막 프랑스어 수업이 진행되지요. 선생님은 칠판에 '프랑스 만세Vive la France!'라는 구절을 적고는, 안타까움에 할 말을 다 잇지 못한 채 수업을 끝냅니다.

그런데 이 소설에 대한 비판의 입장도 만만치 않습니다. 소설이 지나친 프랑스 문화 우월주의, 민족주의와 반독일 정서를 드러내고 있다는 의견이지요. 원래 알자스로렌은 독일어 문화권이었기 때문에 마지막 프랑스어 수업을 안타까워하는 것이 마치 일본이 식민지 조선에서 더 이상 일본어를 가르칠 수 없는 것을 슬퍼하는 것과 매한가지라는 비판도 있습니다.

사실 이 지역의 역사는 매우 복잡합니다. 여느 국경 마을이 흔히 그러하듯 이 지역 역시 그 주인이 누구인지를 가리기 위한 투쟁이 치열했습니다. 알자스로렌은 프랑스와 독일 사이에서 발생한 전쟁의 상처와 아픔, 복수의 꿈이 서려 있는 곳입니다.

지리

프랑스로
다시 독일로

    흔히 알자스로렌이라 부르기 때문에 하나의 지역인 것처럼 들리지만, 사실 알자스와 로렌은 서로 다른 역사적, 문화적 배경을 갖고 있습니다. 알자스 지역은 오랫동안 신성 로마 제국의 영향권에 있었고 알자스 방언도 독일어에 가깝습니다. 반면 로렌 지역의 경우 3분의 1은 독일어 문화권에 근접하고, 나머지 3분의 2는 프랑스 문화권에 상대적으로 일찍 편입되었지요.

  두 지역이 프랑스화되기 시작한 것은 15세기, 백 년 전쟁이 끝날 무렵입니다. 이 시기 프랑스는 본격적으로 동부 국경 쪽으로 눈을 돌리기 시작했습니다. 전쟁이 마무리되면서 로렌 지역이 프랑스에 점령되었고, 루이 14세 시기에 이르러 알자스도 프랑스에 귀속됩니다. 이후 지역에 따라 유동적인 모습을 보이다가 마침내 프랑스 혁명을 겪으면서 알자스로렌은 완전히 프랑스에 속하게 됩니다.

  프랑스의 법적, 행정적 체제가 도입되면서 조금씩 프랑스화되었음에도 독일어나 독일어에 가까운 지방 언어는 내내 유지되었습니다. 강압적인 언어 정책이 없었기 때문입니다. 하지만 프랑스어와 독일어를 병행하는 공공 교육이 확산된 결과 제2제정기에는 프랑스어가 독일어보다 조금 더 우세하게 사용되었다는 기록도 있습니다. 이는 알자스인들의 '프랑스인화'가 쉬지 않고 계속되고 있었음을 의미하는 것이지요.

당시 독일에서는 알자스로렌 지역이 이미 신성 로마 제국의 영역에서 벗어났다고 인식했습니다. 독일 지식인들은 알자스로렌을 독일 영토로 만들 필요성을 제기하지 않았습니다. 예컨대 민족주의적 역사학자 트라이치케Heinrich von Treitschke가 1865년에 알자스를 여행하던 중에 자신의 아버지에게 보낸 편지를 보면 알자스 문화가 이미 독일 문화에서 멀어지고 있음을 알리는 내용이 들어 있습니다. 이 지역이 독일로부터 분리된 것을 실질적으로 인정하고 있던 셈이지요.

하지만 불과 몇 년 후에 일어난 프랑스-프로이센 전쟁과 더불어 알자스로렌에 대한 독일 지식인들의 태도가 바뀝니다. 그 배경에는 19세기 후반 유럽에서 기승을 부리던 민족주의가 있습니다. 독일 정치가, 역사가들 사이에서 알자스로렌은 '독일적'이고, 독일 언어와 문화를 공유하기 때문에 독일에 속해야 한다는 주장이 공공연하게 제기되었습니다. 프랑스-프로이센 전쟁에서 프로이센이 승리하여 독일 통일의 주역이 되면서 이 알자스로렌을 독일 제국에 편입시킨 것은 바로 그러한 민족주의 움직임에 부응한 것입니다.

서로에게서
되찾아야 할 땅

프랑스-프로이센 전쟁에서 프로이센이 승리하면서 독일어권이던 알자스의 대부분 지역과 로렌 지역의 일부가 프로이센에 합병됩니다. 합병 이후 알자스로렌에서는 급격한 독일화가 이루어집니다. 1872년에는 독일 군대에 복무하는 것이 의무화되고, 1873년에는 초등학교에서의 프랑스어 교육이 금지됩니다. 강압적인 독일화 정책 탓인지 1871~1872년에만 약 5만 명 이상의 알자스인이 프랑스 국적을 선택하면서 고향을 등졌습니다. 이때부터 제1차 세계 대전 시기까지 프랑스인들에게 알자스로렌은 '잃어버린 땅'이자 '하루 빨리 되찾아야 할 땅'으로 인식되었습니다.

1880년대 초반까지도 알자스로렌 지역에는 프랑스 공화국을 그리워하며 강압적인 독일화에 반대하는 이들이 존재했습니다. 하지만 1890년 이후 조금씩 지역 여론이 변하기 시작합니다. 그 배경에는 여러 이유가 있습니다. 우선 독일 내륙에서 이주해 온 사람들이 늘어나면서 인구가 섞이게 되었습니다. 더불어 풍부한 자원을 바탕으로 철강 산업이 발달하고, 독일 경제가 발전하면서 사람들의 불만도 줄어들었습니다. 시간이 지나면서 프랑스 시절을 겪지 않고 독일 제국 치하에서 태어나 자란 세대가 성장한 점도 한몫했을 것입니다.

지도에서 검은색으로 칠해진 부분이 알자스로렌 지역이다. 프랑스의 학교에서는 잃어버린 땅을 되찾아 와야 한다고 학생들을 교육했다.

그러나 1차 세계 대전이 독일 패배로 끝나면서 1918년 이후 이지역은 다시 프랑스 영토가 됩니다. 이번에는 강압적인 프랑스화가 문제가 되었습니다. 수십 년 동안 이미 독일 체제가 자리를 잡았는데, 새로이 발령 받아 근무하게 된 프랑스 공무원들은 이곳의 특징을 잘 고려하지 못했지요. 강압적인 프랑스어 교육이 문제가 되었고, 프랑스 공화국의 중요한 원칙인 '정교분리'에 대한반대도 심했습니다. 결국 이 지역에 정교분리 원칙이 도입되는것이 취소되었고, 알자스와 상부 로렌 지역은 특별 입법 체계를 갖추게 되었습니다. 강압적인 독일화 혹은 프랑스화가 알자스로렌의 자치주의 운동에 불을 지폈습니다. 지역 주민들은 프랑스어와 독일어 이원 체제를 강력하게 주장했습니다.

하나의 유럽이라는
소명

　　　　2차 세계 대전이 시작되면서 알자스로렌은 다시 소용돌이에 휩싸입니다. 전쟁이 시작되자 히틀러가 알자스로렌을 점령하면서 이곳은 다시 독일에 속하게 되었습니다. 프랑스어 교육이 사라졌고 젊은이들을 군대에 보내기 위한 강제 명부 작성이 이루어졌습니다. 얼마 전까지 프랑스인이었던 알자스로렌 지역 병사들은 독일 군복을 입고 싸우게 됐습니다.

　그러나 이 지역 병사 대부분은 프랑스를 적으로 싸워야 하는 서부 전선보다는 소련을 상대하는 동부 전선에 배치되었다고 합니다. 이 같은 현상은 이미 1차 세계 대전 동안에도 나타난 적이 있었습니다. 1차 대전 당시 알자스로렌 지역의 징집 대상자 중 38만 명은 전쟁이 끝날 때까지 독일 제국을 위하여 싸웠지만, 약 1만 8천 명은 프랑스 군대로 들어갔다고 합니다. 프랑스 땅으로 이주한 가족이 있는 경우 형제나 친척 간에 총부리를 겨누어야 할 형편이었기 때문에 다른 지역에 비해 탈영 비율도 높았지요. 그런 이유로 독일 당국에서는 이 지역 출신 병사들의 애국심을 완전히 믿지 못했고 서부 전선보다는 동부 전선에 배치했던 것입니다.

알자스로렌 사람들은 19세기 후반부터 제2차 세계 대전이 끝날 때까지 몇 십 년 간격으로 프랑스와 독일로 국적이 바뀌는 복잡한 역사적 경험을 했습니다. 따라서 제2차 세계 대전이 끝난 후 나치 독일에 협력했던 부역자들을 재판할 때 이 지역 군인들에 대해 사회적 논란이 많았습니다. 많은 프랑스인이 나치에 협력한 것을 용서할 수 없다며 비판했지만, 또 다른 입장에서는 프랑스가 두 번이나 알자스로렌을 포기해 버렸기 때문에 그렇게 된 것이 아니냐고 반문했지요.

알자스로렌의 역사적 경험은 현재 이 지역에 있는 기념물을 통해서도 짐작할 수 있습니다. 프랑스 모든 지역에는 전사자의 이름이 새겨진 기념비가 있는데, 거기에는 "프랑스를 위해 죽은 자들"이라고 적혀 있습니다. 하지만 알자스로렌에 있는 기념비에는 "우리의 전사자들"이라고만 적혀 있지요.

현재 알자스로렌은 프랑스에 속해 있고, 프랑스 공화국의 정체성을 확실히 지니고 있습니다. 언어적인 면에서 독일어에 가까운 방언을 쓰지만 더 이상 그것은 문제 되지 않습니다. 또한 프랑스에 속해 있을 때나 독일에 속해 있을 때 이루어진 법적, 행정적, 종교적 개혁의 흔적이 남아 있기 때문에 프랑스의 다른 지역과는 다른 특별법 체계가 적용되고 있습니다. 프랑스에도 독일에도 속

지리

하지 않겠다며 자치주의를 주장하는 목소리는 약해졌지만 이 지역의 독특한 정체성을 지키려는 움직임은 여전히 존재합니다.

알자스로렌이 속한 그랑테스트 지방의 중심 도시인 스트라스부르는 유럽 위원회, 유럽 의회, 유럽 인권 재판소 등이 위치해 국제적인 소명을 띤 도시로 거듭나고 있습니다. 현재 유럽 연합 EU의 핵심 축을 이루고 있는 국가가 프랑스와 독일임을 고려할 때, 스트라스부르를 비롯한 알자스로렌은 유럽 통합이 이루어지기 이전에 이미 통합을 실현하고 있던 곳이라 할 수 있지 않을까요?

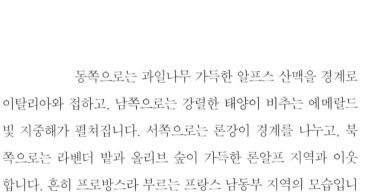

파카

프랑스로 들어오는 길목

동쪽으로는 과일나무 가득한 알프스 산맥을 경계로 이탈리아와 접하고, 남쪽으로는 강렬한 태양이 비추는 에메랄드 빛 지중해가 펼쳐집니다. 서쪽으로는 론강이 경계를 나누고, 북쪽으로는 라벤더 밭과 올리브 숲이 가득한 론알프 지역과 이웃합니다. 흔히 프로방스라 부르는 프랑스 남동부 지역의 모습입니다. 행정 구역상의 명칭은 프로방스알프코트다쥐르Provence Alpes Côte d'Azur, 간단하게 줄여 파카PACA라고 부릅니다.

파카 지방은 봄에서 가을까지 뜨거운 햇볕이 쏟아지는 해변, 갖가지 꽃과 과일나무, 그리고 겨울에는 론 계곡으로부터 불어오

빈센트 반 고흐(Vincent Van Gogh)의 「별이 빛나는 밤」. 고흐는 프랑스 남부의 도시들을 여행하며 많은 작품을 남겼다.

는 차갑고 건조한 바람인 미스트랄mistral로 요약할 수 있습니다. 프로방스의 밤하늘을 그린 고흐Vincent Van Gogh의 「별이 빛나는 밤」 속 바로 그 하늘의 소용돌이를 알고 있다면 미스트랄을 연상하기에 충분합니다. 그런데 프로방스는 예술과 문화의 장소이기도 하지만, 다른 한편으로는 오늘날 프랑스가 겪고 있는 이민자 문제의 온상지이기도 합니다.

이민자가
머무는 곳

　　　마르세유는 프로방스의 대표적인 도시입니다. 기원전 600년 그리스의 포세족이 지중해로 이주해 식민지로 건설한 도시로 역사가 깊은 곳입니다. '제국의 항구'라는 별명을 가진 프랑스 최대의 항구 도시이지요. 지중해 세계로 나가려는 모든 프랑스인, 지중해를 통해 프랑스로 들어오려는 모든 이방인이 이곳을 지났습니다. 이곳을 거쳐 프랑스인이 된 수많은 사람 가운데 위대한 인물을 꼽으라면, 코르스 태생의 나폴레옹을 들 수 있을 것입니다.

　마르세유는 모든 지중해인의 거처였습니다. 20세기 초반에는 이탈리아인들이 대거 들어왔습니다. 1921년 인구 조사 자료를 보면 약 100만 명의 외국인이 프랑스에 거주하는 것으로 나타납니다. 1931년에는 그 숫자가 300만 명으로 늘어났는데, 그 가운데 폴란드인이 50만 명, 이탈리아인 100만 명이었습니다. 이들은 가난을 피해, 또는 파시즘을 피해 온 사람들로, 가족이나 마을 단위로 모여서 이주해 왔습니다. 1934년 마르세유에서는 이탈리아 이민자의 숫자를 공식적으로 11만 7천 명 정도로 집계했습니다. 그리하여 이곳에는 전형적인 이탈리아 형태의 거리와 마을이 형성되었습니다.

　이탈리아 이민자 출신의 프랑스 유명 가수 이브 몽탕Yves Montand은 생전에 자신의 어린 시절을 회고하며 이렇게 말했습니다. "학교에는 온통 이민자의 아이들뿐이었습니다. 선생님은 '여기에서 프랑스인은 누구니? 모든 이름들이 외국식이구나.'라고 하셨지요. 내 친구 모두가 이탈리아인, 아르메니아인, 그리스인 혹은 에스파냐인이었습니다." 이처럼 마르세유는 태생부터 그리스 식민지로 세워졌고, 그 이후 늘 누군가가 들어와 정착하고, 누군가가 떠나는 도시였습니다.

그러나 서로 다른 배경을 지닌 사람들이 어울려 사는 것은 결코 쉽지 않은 일이지요. 지중해 문화 및 역사를 공유한 이웃인 이탈리아에서 온 이민자들조차, 이 지역에 정착해 살아가는 데 많은 차별과 어려움을 겪었다고 합니다. 같은 유럽인이었음에도 프랑스에서 자신들 고유의 문화와 전통을 이어 가는 것은 쉽지 않았던 것이지요.

극심한 양극화와
종교적 갈등

'알제리가 축구 경기에서 패배하면 마르세유가 불탄다.'라는 말이 있을 정도로 오늘날 마르세유의 상황은 알제리를 비롯한 아프리카 이민자와 밀접하게 연관되어 있습니다. 현재 마르세유에는 대략 20만 명 이상의 무슬림 인구가 살고 있습니다. 이는 도시 전체 인구의 4분의 1에 근접한 수치입니다.

더욱이 마르세유에는 알제리 독립 후 어쩔 수 없이 귀국해야 했

마르세유를 연고지로 하는 축구 팀 올랭피크드마르세유(Olympique de Marseille) 선수들의 모습. 다양한 피부색이 눈에 띈다.

던 유럽계 이주민인 피에 누아르가 있습니다. 알제리 독립으로 재산을 모두 알제리에 두고 와야 했던 피에 누아르와 알제리인들의 사이가 좋을 리 없지요. 서로를 적대하는 두 집단이 함께 살고 있는 마르세유는 프랑스 어느 곳보다도 '인종 갈등'이 첨예합니다.

　파카 지방은 프랑스 전체에서 세 번째로 부유한 지방이라고는 하지만, 다른 한편으로는 빈곤층이 가장 많은 곳입니다. 100가구 중 15가구가 빈곤층에 해당하며, 그만큼 양극화가 심각하지요. 주택 문제에 있어서도 일드프랑스 다음으로 상황이 좋지 않습니다. 게다가 이 지역에서는 실업과 이민자 문제가 주요 이슈로 떠

지리

오르고 있습니다. 이제 프랑스인의 상당수는 실업과 이민을 동전의 양면으로 생각하고 있습니다. 이민자들이 일자리를 차지한 탓에 실업률이 높아진다고 여기는 것입니다.

마르세유처럼 특정 지역에 다수의 무슬림이 모여 살게 되면 시각적으로 프랑스 내에 무슬림이 상당히 많이 거주한다는 인상을 강하게 줄 수 있습니다. 이는 이슬람 혐오주의의 확산에 일조하는 요인이 되기도 합니다. 민족전선 등의 극우파 또한 이를 구실 삼아 파카 지방에서 세를 넓히고 있습니다. 실제 2015년 12월 지방 선거의 1차 투표에서 파카 지방에 출마한 민족전선의 마리옹 마레샬르펜Marion Maréchal-Le Pen이 득표율 1위를 차지했지요.

예술가가
사랑한 도시

하지만 이 지역에 어두운 면만 있는 것은 아닙니다. 프로방스의 도시들은 전통적으로 문화, 예술, 축제의 장소였습니다. 프랑스와 이탈리아의 국경 지역에 위치한 망통은 '프랑스의 진주'라고 불리는 도시입니다. 지중해성 기후로 온난한 날씨를 자랑하는 이 도시는 예전부터 예술가들이 즐겨 찾은 곳입니다. 레몬 산지로도 유명한 망통에서는 1934년 이래 매년 레몬 축제가 열립니다. 2월 중순에서 3월 초까지 열리는 이 축제에서는 레몬과 오렌지 조형물이 전시되고, 퍼레이드도 열립니다.

또 다른 지중해 연안의 도시 니스는 프랑스의 대표적 휴양지입니다. 모나코공국과 이탈리아에서 가까운 니스는 이탈리아의 영웅인 주세페 가리발디Giuseppe Garibaldi가 태어난 곳이기도 합니다. 이러한 역사에서 알 수 있듯이 이곳은 원래 이탈리아의 영토였으나, 나폴레옹 3세 시기인 1860년 이후 프랑스에 속하게 되었습니다. 그래서인지 이탈리아의 영향이 곳곳에서 눈에 띕니다. 베네치아의 유명한 카니발의 전통을 이어받은 니스 카니발 축제도 그중하나입니다. 니스 카니발은 매년 2월에 약 2주 동안 진행됩니다.

니스는 피카소, 세잔, 자코메티 등 수많은 예술가의 사랑을 받은 도시입니다. 그러나 대표적인 예술가를 꼽는다면 러시아 태생의 화가인 마르크 샤갈Marc Chagall과 야수파의 시조 앙리 마티스Henri Matisse를 이야기할 수 있습니다. 1950년부터 1985년까지 니스에 머물렀던 샤갈은 이곳에서 많은 작품 활동을 했습니다. 니스에 위치한 샤갈 미술관은 국립 미술관으로 문화부 장관이었던 앙드레 말로André Georges Malraux의 주도로 설립되었습니다. 이 미술관에 있는 450여 점의 작품은 주로 샤갈의 후기 작품입니다. 전시 작품 대부분이 성서를 주제로 한 작품이어서 초기에는 '마르크 샤갈 성서 미술관'이라고 불렸습니다. 성서 중에도 신약보다 구약, 그 가운데에서도 창세기와 출애굽기를 주제로 한 작품이 많다는 점이 인상적입니다. 샤갈이 유대인이라는 사실을 고려한다면 충분히 이해할 수 있는 대목입니다. 한편 미술관 입구에 있는 대규모 모자이크 벽화도 유명합니다.

또 한 명의 유명 미술가 앙리 마티스는 인생의 후반부를 니스에서 보내며 작품 활동을 했습니다. 투병 생활 동안 자신을 돌보다 수도회에 들어간 자크 마리 수녀^{Sister Jacques Marie}의 부탁으로 니스 근처의 방스에 있는 도미니크 수녀회 부속 건물에 머물면서 방스 로사리오 부속 예배당을 설계하고 그 내부를 자신의 작품으로 채우기도 했습니다. 프랑스 정부는 1963년 마티스 미술관을 니스 시내에 세웠는데, 이곳에는 그의 회화뿐만 아니라 드로잉, 판화, 사진, 조각 등 수백 점의 작품이 있습니다. 하지만 그의 대작들은 미국의 볼티모어 미술관 등 타지에 더 많이 소장되어 있습니다.

그 외에도 영화제로 잘 알려져 있는 칸, 연극제로 세계적 명성을 얻고 있는 아비뇽, 프로방스의 옛 수도로 온천 도시이자 프랑스의 대표적 교육 도시인 엑상프로방스 등이 파카 지방에 속합니다. 수도교, 목욕탕 및 원형 경기장 등 고대 로마의 유적이 많이 남아 있는 아를과 님도 빼놓을 수 없지요.

파카 지방은 따뜻하고 온화한 지리적 영향으로 많은 예술가들의 사랑을 받았습니다. 또한 지중해에 면해 있는 덕분에 다른 세계와의 교류에 유리했고 많은 이주민을 받아들일 수 있었습니다. 그런 이유로 파카 지방은 프랑스의 어느 지방보다도 예술과 문화적 측면에서 창조적이며 진취적인 지역으로 거듭 태어날 수 있을 것으로 보입니다.

● 프랑스인들은 모두 프랑스어를 사용하나요?

"프랑스인의 개성은 치즈의 수만큼 다양하다." 드골의 말입니다. 그 정도로 프랑스가 다양성의 나라라는 의미일 것 같습니다. 하지만 본문에서도 언급했듯이 프랑스는 '분리될 수 없는 단일한 공화국'을 헌법 전문에 내세우고 있습니다. 단일한 정치적, 문화적 공동체를 지향하는 것이지요. 그러한 취지에서 '프랑스어'는 공화국의 단일한 언어여야 합니다.

원래 프랑스어라고 할 수 있는 프랑시앵le francien은 파리를 포함한 일드프랑스 중심의 언어였습니다. 그러다 점차 프랑스 왕권이 강해지면서 프랑스의 대표 언어가 되었습니다. '프랑스어'가 '프랑스의 언어'로 확고히 자리매김한 계기는 프랑스 혁명입니다. 혁명 이후 중앙 집권적 공화국 체제가 자리 잡았을 뿐만 아니라, 혁명 정부가 프랑스어를 혁명 정신을 담은 언어로 규정하고 전 국민에게 보급하는 언어 정책을 폈기 때문입니다. 물론 19세기 후반에도 여전히 지방 어느 곳에선가는 프랑스어를 이해하지 못하는 사람이 많았다는 증언이 있습니다만, 무상 교육의 실시와 철도의 보급으로 프랑스어는 공화국의 언어로 정착했습니다.

하지만 프랑스의 일부 지방에는 오래전부터 사용되어 온 지역어가 여전히 남아 있습니다. 프랑스는 4세기경부터 이미 라틴어 계통의 '갈로-로

망어' 문화권에 속해 있었습니다. 하지만 브르타뉴 지역에서는 이때부터 이미 라틴어 계열에 속하지 않은 켈트 계통의 '브르통어'가 사용되었습니다. 이 지역에는 여전히 브르통어를 쓰는 사람들이 남아 있습니다. 코르스(코르시카) 또한 18세기 말 프랑스 영토가 되었으나, 여전히 이탈리아어 계통의 코르시카어 전통에 물들어 있었고요. 이외에 피레네 산맥 인근에 주로 거주하는 바스크족의 바스크어, 알자스 지방 사람들이 주로 사용하는 독일어 계통의 알자스어도 여전히 프랑스의 주요 방언이라고 할 수 있겠습니다.

오늘날에는 방언보다도 미국이 주도하는 세계화와 인터넷의 발달로 프랑스어가 위기에 처해 있습니다. 영어의 범람 속에서 프랑스어는 힘든 싸움을 하고 있습니다. 프랑스는 이에 대처하기 위해 1994년 투봉법이라 불리는 '프랑스어 사용에 관한 법'을 제정해 프랑스어의 순수성을 보장하기 위해 노력하고 있습니다. 투봉법은 모든 방송과 광고에서 프랑스어를 우선 사용해야 하며 프랑스 라디오 전파를 타는 노래의 40%는 프랑스어 곡이어야 한다는 등의 내용을 담고 있습니다. 하지만 여러분 모두가 피부로 느끼는 영어의 위력을 프랑스인들도 똑같이 느끼고 있을 것이라 생각합니다.

● 프랑스는 해외 영토가 많던데, 아직도 식민지를 갖고 있는 건가요?

아닙니다. 프랑스에는 현재 공식적으로 식민지가 없습니다. 프랑스는 영국과 함께 전 세계에 상당한 식민지를 보유하고 있었지만, 2차 세계 대전 이후 탈식민화의 바람이 불면서 모든 식민지가 독립했습니다. 대부분의 식민지가 독립하는 데 어려움을 겪지 않았지만, 베트남과 알제리는 커다란 전쟁을 치렀다는 사실을 앞에서도 이야기했습니다.

지금 남아 있는 프랑스의 해외 영토는 프랑스 제국의 유산입니다. 과거 제국주의 시대에 점령했던 해외 영토를 적어도 해당 주민의 '동의 아래' 여전히 보유하고 있는 것이니까요. 프랑스의 해외 영토는 인도양, 남태평양, 남아메리카, 오세아니아, 심지어 남극 일부에까지 퍼져 있습니다. 이 지역은 모두 합해 약 12만 제곱킬로미터로 대략 270만 명 정도의 인구가 살고 있습니다. 해외 지방, 해외 데파르트망과 해외 집합체 등 여러 명칭으로 나뉘어 구분되고 있습니다. 이러한 해외 지방에 해당되는 곳에는 과들루프, 프랑스령 기아나, 마르티니크, 레위니옹, 마요트 등이 있습니다. 이들 지역은 정치, 국방, 외교, 화폐, 법률 등을 제외한 분야에서는 대체로 자율성을 가집니다. 프랑스 하원인 국민 의회에도 비율에 따라 의원을 선출하는데, 2017년 선거에서는 전체 577석 중 27석이 할당되었습니다. 한편 상원에는 전체 343석 중 21석이 할당되어 있습니다.

프랑스의 해외 영토들은 모두 현재의 상황, 즉 독립하지 않고 프랑스의 일부로 남아 있는 것에 만족하고 있을까요? 물론 다 그렇다고 할 수는 없습니다. 하지만 과거 프랑스의 식민지였다가 독립한 아이티의 가난과 비참함을 알고 있는 해외 영토 국민들이 독립으로 방향을 틀기는 쉽지 않아 보입니다. 프랑스 혁명의 영향으로 전 세계 최초로 흑인 공화국을 세웠던 아이티의 경우 오늘날에도 여전히 가난을 벗어나지 못하고 있으니까요. 해외 영토 가운데 자치 혹은 독립 운동이 전혀 없었던 것은 아니지만, 대다수 주민들은 프랑스 본토의 넉넉한 경제적 지원과 '자유 평등 우애'라는 이상적 구호를 위안 삼아 애써 물리치지 않는 게 아닌가 생각합니다.

제국주의 국가의 *04 » 오늘

1

ÉLECTION PRÉSIDENTIELLE
DES 23 AVRIL ET 7 MAI 2017

Ensemble,
la France !
EMMANUEL MACRON

ÉLECTION PRÉSIDENTIELLE DU 7 MAI 2017

Retrouvez notre projet et les dates
de nos réunions publiques sur :

en-marche.fr

@emmanuelmacron

선거와 정당

몰락하는 집권당

　제가 처음 프랑스 땅을 밟은 것은 1988년입니다. 그
해에는 마침 대통령 선거가 있었습니다. 선거 과정을 흥미롭게
관찰해 보니 한국과 프랑스의 선거 제도는 상당히 달랐습니다.
우선 프랑스에는 결선 투표제가 존재한다는 점이 특이했습니다.
또 공산당 및 극좌 그룹이 합법화되어, 제 입장에서는 너무 과격
해 보이는 구호를 텔레비전을 통해 외쳐 대고 있는 모습도 충격
적으로 다가왔습니다. 냉전의 최전방인 분단국가 한국에서 온 제
게 이러한 모습은 너무 생소하게 느껴졌습니다.

　일반적인 민주 국가의 선거와 정치 활동은 큰 틀에서는 별 차

이가 없지만, 세부적인 선거 제도와 정당 정치는 상당히 다를 수 있습니다. 나라마다 고유한 역사와 전통이 있기 마련이니까요. 그렇다면 프랑스의 선거 제도와 정당 정치에는 어떤 특징이 있는지 살펴봅시다.

선거는
일요일에

　　프랑스에는 대통령 선거와 국민 의회 의원 선거, 지방 선거, 그리고 유럽 의회 의원 선거 등 다양한 선거가 있습니다. 프랑스의 선거는 일요일에 치러집니다. 우리나라의 선거일이 평일이며 임시 공휴일로 지정되어 달력에까지 빨간색으로 표시되는 것과는 대조적이지요. 선거에서 유효 득표의 과반을 차지한 득표자가 없을 경우 2주일 뒤의 일요일에 '결선 투표'가 치러진다는 점도 우리의 선거 제도와 다릅니다. 결선 투표에 나갈 수 있는 자격은 대통령 선거의 경우 상위 득표자 2인, 나머지 선거의 경우 1차 투표에서 12.5% 이상의 득표율을 얻은 자에 국한됩니다. 결선 투표에서 더 많은 표를 얻은 후보가 최종적으로 당선됩니다.

　따라서 결선 투표의 관건은 1차 투표에서 흩어진 표를 최대한 결집하는 데 있습니다. 이러한 선거 방식은 결선 투표를 앞두고 소수 정당들이 다수 정당 후보를 중심으로 연합하는 결과를 낳습니다. 예를 들어 사회당을 중심으로 공산당과 녹색당이 연합하

2017년 프랑스 대선의 결선 투표를 앞둔 무렵, 에마뉘엘 마크롱과 마린 르펜 후보의 포스터가 벽에 붙어 있다.

는 식이지요. 그래서 사회당이 집권한 경우, 연합했던 공산당이나 녹색당 등이 몇몇 장관 자리를 차지하는 모습을 흔히 볼 수 있습니다. 이는 잘못하면 소수 정당을 약화하고 소수파의 대표성을 왜곡할 수 있습니다. 공산당과 녹색당 모두 사회당과 강령이 상당히 다른데도 결선 투표에서 다른 보수 후보를 이기기 위해 자신들의 색깔을 사회당에 맞추는 것이니까요. 이런 이유로 하원 선거에서 결선 투표제를 채택하는 나라는 프랑스가 유일하다고 합니다.

선거도 많고
정당도 많다

　　　　프랑스는 양원제를 채택하고 있다는 점에서도 한
국과 다릅니다. 대통령, 국민 의회 의원(하원 의원) 선거는 우리
와 크게 다를 바 없으나 상원은 우리에게 낯선 제도입니다. 대통
령과 하원 의원의 임기가 5년인 데 비해 상원 의원의 임기는 9년
입니다. 하지만 3년마다 정원의 3분의 1이 교체되므로, 상원 선
거는 지역별로 3년에 한 번씩 실시됩니다. 상원 의원이 되기 위
한 나이 제한은 35세 이상으로, 대통령과 하원 의원의 제한선인
23세 이상보다는 훨씬 높습니다. 다른 선거에 비해 상원 선거가
특별한 점은 간접 선거 방식이라는 것입니다. 각 도별로 하원 의
원, 도 의회 의원, 광역 지방 의회 의원, 시 의회 의원으로 구성된
선거인단이 상원 의원을 뽑습니다.

　한편, 대통령은 국민이 직선제로 선출하지만 국무총리를 포함
한 내각은 국민 의회 의석을 가장 많이 차지한 정당이 장악합니
다. 따라서 국민 의회 의원 선거 결과에 따라 때로는 대통령과 소
속 정당이 다른 국무총리가 나오는 경우가 생깁니다. 미테랑 정
부의 경우 14년 동안 집권하면서 두 차례나 우파 정당에 내각을
내주었습니다. 이렇게 대통령과 정치적 입장이 다른 총리와 내각
이 들어서는 경우를 '동거 정부'라고 부릅니다.

　프랑스에는 다당제가 정착되어 있습니다. 프랑스의 정당을 모

두 열거하고 설명하는 것은 불가능할 뿐더러 바람직하지도 않을 것 같습니다. 다만 극좌에서 극우까지 그 스펙트럼이 매우 넓고 다양하다는 점을 지적할 수는 있겠습니다. 2017년 6월에 치러진 선거 결과에 따라 현재 국민 의회 의석을 차지하고 있는 대표적인 정당들만 나열해 본다면 전진하는 공화국(308석), 공화당(112석), 사회당(30석), 굴복하지 않는 프랑스(17석), 공산당(10석) 등이 있습니다. 물론 이번 선거에서 새로 의회에 진출한 극우 정당 민족전선(8석)도 빼놓을 수 없지요.

한편 1979년 이후로 5년에 한 번씩 유럽 의회 의원 선거가 치러지고 있습니다. 선거 방식은 통상 비례 대표제로, 각 정당별로 후보자 명부를 만든 후 각 정당의 득표율에 따라 의석이 배분됩니다. 유럽 의회 의원 비율은 각국의 인구별로 정해지는데, 전체 751개 의석 중 프랑스에 주어진 의석수는 74석입니다. 프랑스의 유럽 의회 의원 선거는 보수화 경향이 뚜렷합니다. 2014년 선거에서는 극우 정당인 민족전선이 프랑스 몫의 의석 중 약 30%에 해당하는 22석을 차지했습니다.

정치 생명을 건
국민 투표

앞서 이야기한 선거들이 정기적으로 치러지는 선거라면, '국민 투표'는 사안이 있을 때 비정기적으로 치르는 선거입니다. 국민 투표는 프랑스 헌법 11조에 의거해 대통령이 국가의 중대사에 대해 직접 국민들에게 찬반 여부를 묻는 방법입니다. 국민 투표 하면 빼놓을 수 없는 인물이 샤를 드골입니다. 그는 정치적 위기의 순간에 국민 투표를 활용했습니다.

앞서 프랑스 현대사를 다루며 언급했듯, 오랜 식민지였던 알제리가 독립 전쟁을 시작하며 알제리 주둔 군대와 프랑스 본국 사이에 긴장 관계가 형성되었습니다. 내정이 불안해지자 프랑스 정치권은 긴급히 드골 장군에게 정권을 위임했습니다. 드골은 2차세계 대전 당시 런던 임시 정부를 이끌었을 뿐만 아니라 해방 직후 잠시나마 임시 내각을 책임졌기에 사태 수습의 적임자라고 여겨진 것이지요. 간접 선거로 대통령이 된 드골은 국민의 지지를 얻었지만 정치권으로부터는 끊임없는 견제를 받았습니다.

1962년 드골은 자신의 권력을 강화하기 위해 대통령 직선제에 대한 의견을 묻는 국민 투표를 실시합니다. 이 투표에서 프랑스 국민들은 드골의 손을 들어 주었습니다. 그 결과 직접 선거로 대통령을 뽑도록 헌법이 개정되고, 이후 1965년에 치러진 대통령 선거에서 드골은 연임에 성공합니다. 하지만 1968년 5월, 이른바 '68혁명'이 발생하여 수많은 학생과 노동자가 권위주의적인 드골 정권에 대항했습니다. 비록 시위는 잦아들었지만, 드골의 정치적 입지는 예전만 못했습니다. 드골은 다시 한번 국민 투표에 정치 생명을 겁니다. 1969년 자신의 대통령직을 걸고 지방 제도

개편과 상원 개혁을 국민 투표에 부쳤습니다. 그러나 그는 투표에서 패했고 약속한 대로 대통령직에서 물러났습니다.

이후에도 프랑스에는 1992년 9월 마스트리히트 조약에 대한 찬반 여부, 2000년 9월 7년의 대통령 임기를 5년으로 줄이는 방안에 대한 국민 투표가 있었습니다.

사회당과 공산당

프랑스 사회당은 1905년 사회주의 인터내셔널 프랑스 지부에서 시작되었으며, 설립 당시에는 마르크스주의에 충실한 이념 정당이었습니다. 하지만 러시아 혁명의 영향으로 1920년 프랑스 공산당과 사회당으로 분당되었습니다.

이후 사회당과 공산당은 노동자의 이해관계를 대변한다는 점에서 같은 '계급 정당'임에도 늘 적대적이었습니다. 한때 파시즘 세력을 앞에 두고 인민전선이라는 이름으로 연합하기도 했지만, 기본적으로는 대립각을 세워 왔습니다. 공산당은 친소련 정책을 채택해 온 반면 사회당은 때로 미국과의 동맹을 추구했을 뿐만 아니라 반공산주의 정책을 취했던 적도 있습니다.

2차 대전 이후 드골이 장기 집권하는 가운데, 분열된 상태로 있던 사회당이 1969년 재창당됩니다. 이후 1971년 프랑수아 미테랑을 중심으로 사회주의 세력들이 통합하며 사회당은 수권 정당의 모습을 갖추어 나갔습니다. 마침내 1981년 대통령 선거에서 미테랑이 당선되며 사회당은 창당 이후 처음으로 대통령을 배출합니다. 미테랑은 1988년 재선에 성공, 14년 간 사회당의 이름으로 프랑스를 이끌었습니다.

한편 공산당은 독일 점령 시절 뛰어난 레지스탕스 활동으로 2차 세계 대전 이후부터 1970년대까지 황금기를 누렸습니다. 하지만 1981년 사회당의 집권 이후, 공산당의 인기는 상대적으로 시들었습니다. 특히 현실의 사회주의 국가들이 무너지며 공산당은 점차 설 자리를 잃게 되었지요. 게다가 전통적으로 공산당의 지지 계층이었던 노동자들이 사회당이나 녹색당뿐 아니라 민족전선을 지지하게 되면서 공산당은 위기에 처했습니다. 이민자 문제가 이슈화되면 될수록 '프랑스 노동자들'은 반이민자 구호를 내세우는 민족전선의 편으로 돌아서고 있습니다.

몰락하는 기존 정당

공화당은 드골의 영향을 강하게 받은 우파 정당입니다. 2015년 5월 이전에는 '대중운동연합'이라는 이름으로 불렸고 그 전신은 1976년 자크 시라크가 창당한 공화국연합이었습니다. 1995년 자크 시라크를 대통령으로 배출했고, 시라크가 연임한 이후에는 2007년 니콜라 사르코지가 대통령직을 이어받았습니다. 그러나 2012년 사회당의 올랑드에게 자리를 내어 줌으로써 사르코지는 연임에 실패합니다. 2017년 선거에서는 사르코지 대통령 시절 국무총리를 지낸 프랑수아 피용^{Francois Fillon}이 대선 후보가 되어 선거 초반 상당한 인기를 누렸으나 부패 스캔들이 터지며 결국 3위에 그쳤습니다. 공화당은 총선에서도 기존의 194석에 훨씬 못 미치는 112석(19.4%)에 만족해야 했습니다.

한편 사회당은 2012년 프랑수아 올랑드 후보가 대통령에 당선되면서 다시 집권했습니다. 좌파 정당의 대명사였던 사회당이지만 올랑드 정부에서는 중도 정책을 취하려는 시도가 이어졌습니다. 특히 2015년 파리 테러 이후, 이중 국적자에 대한 국적 박탈을 주장하는 등 좌파 정당으로서의 정체성에 대한 논란이 일기도 했습니다.

2017년 대통령 선거와 국민 의회 선거를 거치면서 사회당은 파국에 몰렸습니다. 대통령 선거에서 사회당 후보 브누아 아몽^{Benoît Hamon}은 불과 6.36%를 얻어 5위에 그치면서 1차 투표에서 탈락했습니다. 아몽은 연이어 치러진 총선에서도 의회 진입에 실패하며 결국 사회당을 떠나는 처지가 되었습니다. 집권당이었던 사회당은 2017년 총선에서 577석 가운데 겨우 30석(5.19%)만을 획득했습니다. 사회당은 더 이상 프랑스 좌파를 상징하는 정당으로 남아 있지 않습니다.

새롭게 '전진하는 공화국'

2017년은 프랑스 정당사에서 혁명적인 해가 된 듯

마크롱의 소속 정당인 '전진하는 공화국' 지지자들의 모습.

합니다. 좌도 아니고 우도 아닌 새로운 정당 '전진하는 공화국'이
정권을 잡았기 때문입니다. 에마뉘엘 마크롱은 2016년에 급조된
전진이라는 정당 소속으로 대통령 선거에 뛰어들어 승리했습니
다. 그 여세를 이어 전진하는 공화국으로 당명을 바꾸고 도전한
총선에서는 전체 577개 의석 중 절반을 뛰어넘는 308석을 차지
했습니다. 제5공화국 하에서는 신생 정당 후보가 대통령에 선출
된 일도 없었고, 신생 정당이 의회 과반수를 차지한 적은 더욱이
없었습니다.

　마크롱 대통령은 사회당 출신으로 올랑드 정권에서 장관을 지

낸 인물이지만 국무총리로는 뜻밖에도 우파 인사를 지명했습니다. 그뿐만 아니라 장관직에 남성과 여성을 절반씩, 기성 정치인과 시민 단체 인사를 절반씩 임명하는 파격을 선보였습니다. 실제 장관의 면면과 총선 당시 공천한 인사들을 살펴보면 그야말로 완전히 새로운 인물들입니다. 마크롱은 기존의 좌우파 정당 개념을 파괴하는 새로운 정치를 선보이고 있습니다. 이는 프랑스의 정치 실험이자 21세기 정치의 새로운 모습이라고 할 수 있겠습니다.

민족전선

극우 정당의 약진

프랑스인 대다수에게 혐오스러운 정당으로 자리 매김되다가 현재는 높은 인기를 누리고 있는 정당이 있습니다. 1990년대 초만 해도 프랑스 텔레비전 뉴스에서 이 정당 지지자들을 인터뷰한 장면을 내보낼 때 이들의 얼굴을 정면으로 잡지 않았습니다. 하지만 이제 이 과격한 극우 정당의 지지자들은 자신들의 정치 성향을 부끄러워하며 숨기지 않습니다. 이 정당의 당수 마린 르펜은 심지어 2017년 대통령 선거에서 2위를 차지했습니다. '불사조'라는 별명을 가진 이 정당은 바로 민족전선입니다.

민족전선은 흔히 말하는 극우파 정당입니다. 이민 반대, 이슬람 반대, 유럽 통합 반대를 주요 공약으로 내세우고 있습니다. 민족전선의 공약을 보면 왜 오늘날 이 정당이 프랑스에서 인기가 있는지 알 수 있을 것입니다.

비난받던 정당의
놀라운 성장

프랑스는 이민자 문제로 몸살을 앓고 있고, 이슬람 극단주의자들의 테러로 어려움을 겪고 있습니다. 민족전선은 이러한 문제의 원인이 프랑스가 유럽 연합에 가입하여 스스로의 주권을 제한받고 있기 때문이라고 주장합니다. 높은 실업률, 높은 범죄율 등 프랑스의 고질적 질병들의 원인이 이민자들이라는 것입니다. 이는 과거 히틀러의 나치가 독일의 사회적, 경제적 문제의 모든 원인을 유대인에게 돌린 것과 다르지 않습니다.

사실 민족전선은 1972년 창당 이후 10여 년간은 거의 주목받지 못했습니다. 1974년 처음 출마한 대선에서 민족전선의 당수 장마리 르펜Jean-Marie Le Pen은 겨우 득표율 0.75%에 그쳤으며, 심지어 1981년 대선에서는 후보 등록조차 하지 못했습니다. 프랑스 대선에 출마하기 위해서는 선출직 500명의 서명을 얻어야 하는데 이를 얻지 못했기 때문입니다. 하지만 민족전선은 1982년 지방 보궐 선거에서부터 서서히 두각을 나타내기 시작하더니 1984년 유럽 의회 선거에서 11%, 1986년 총선에서 9.7%의 득표율을 기록하는 등 획기적인 성장을 이루었습니다. 여세를 몰아 1988년 대선 후보로 나선 장마리 르펜은 1차 투표에서 14.4%의 득표율을 기록합니다. 유권자 수로 따지면 430만 명에 달하는 프랑스인이 르펜을 지지한 것입니다.

약진은 지속되었습니다. 1995년 치러진 대선에서도 르펜은 450만 명(15%)이 넘는 유권자로부터 지지를 얻어 냈고 2002년 대선에서는 마침내 사회당 후보 리오넬 조스팽Lionel Jospin을 꺾고 결선 투표에 올랐습니다. 프랑스 선거 제도 특성상 여러 명의 후보가 1차 투표에 나선 후 결선 투표에 상위 2명의 후보가 나서게 되는데, 르펜 후보가 득표율 16.9%를 기록하면서 사회당 후보를 0.7%p 차이로 제치고 19.9%의 득표율을 얻은 보수파의 자크 시라크 후보와 결선에서 맞붙게 된 것입니다. 르펜은 비록 대통령이 되는 데에는 실패했지만, 결선에 올라 19.2%의 득표율로 550만 표 이상을 얻었습니다. 그야말로 프랑스 극우파 역사상 최고의 성적이었습니다.

르펜의 민족전선이 약진을 거듭한 데는 여러 요인이 있습니다. 앞에서 언급했던 이민, 이슬람, 유럽 통합 등의 문제점을 꾸준히 제기한 것도 이유일 것입니다. 1981년부터 1995년까지 14년간 사회당 대통령을 바라보며 보수적 성향의 국민들이 느낀 염증도 한몫을 했을 것으로 생각됩니다. 하지만 이러한 민족전선의 성장은 사르코지라는 우파 정치인을 만나면서 위기를 겪습니다.

라이벌 사르코지의
우클릭

　　　니콜라 사르코지는 오랫동안 대통령을 꿈꾼 인물입니다. 보수 우파 정당인 대중운동연합 소속이었던 그는 일찌감치 정통 우파의 표만으로는 대통령이 되기 힘들다고 판단합니다. 사르코지가 선택한 전략은 극우파의 표를 빼앗아 오는 것이었습니다. 그는 시라크 정부에서 내무부 장관으로 일하면서 그야말로 민족전선이 취할 법한 극우적인 정책들을 내놓았습니다. 특히 이민 문제, 이슬람 문제가 대표적이었는데, 이민자 2세들을 '쓰레기들'이라고 표현하고, 이들을 "진공청소기로 쓸어 버려야 한다."같은 발언까지 했습니다.

　2005년 가을, 파리 근교에서 시작된 이민자 소요 사태는 사르코지가 정치적 기반을 다지는 계기로 작용했습니다. 시작은 프랑스 경찰과 이민자 청소년 사이의 사소한 갈등이었지만 그 사회적 파장은 걷잡을 수 없었습니다. 이 사태는 한 달이 넘도록 전국 300여 개 도시를 무질서의 상황으로 몰아넣었습니다. 언론에 나타난 바를 살펴보면 총 2,921명이 체포되었으며, 1명이 사망했습니다. 그 외 경찰 및 소방관 115명이 부상당했고, 차량 9,071대가 불탔습니다. 10월 27일에 시작된 폭동은 한 달이 지나도록 그칠 줄 몰랐습니다. 프랑스 정부는 12월 10일 국가 비상사태를 발동해서야 소요를 잠재울 수 있었습니다.

이민자 소요 사태로 가장 큰 혜택을 얻은 정당이 사르코지의 대중운동연합이었고, 가장 큰 피해를 본 정당이 민족전선이었습니다. 사르코지는 사태에 관련된 외국인들을 국외로 추방하는 강경책을 쓰면서 자신의 이미지에 반이민, 반이슬람 정책을 확고히 각인시켰습니다. 이 사건 이후 많은 민족전선 지지자가 사르코지의 정당을 지지하게 되었습니다. 이뿐만이 아니라, 평소 음주 운전이나 과속 단속에 있어 느슨한 편이었던 프랑스였지만, 사르코지는 이런 범죄를 엄격히 단속함으로써 일반 보수층의 표도 확고히 다져 나갔습니다. 이 같은 전략이 효과를 발휘하면서 사르코지는 2007년 대선에서 승리를 거둡니다. 반면 장마리 르펜은 10.4%, 약 380만 표를 얻는 데 그쳤습니다. 같은 해 총선에서 민족전선은 4.3%, 2009년 유럽 의회 선거에서는 6.3%의 득표율을 보이면서 쇠퇴의 길을 걸어갑니다.

변화의 시작
세대교체

이러한 상황에서 아버지 르펜은 현역에서 은퇴하고 2011년 1월 그의 딸인 마린 르펜이 당권을 쥐게 되었습니다. 마린 르펜은 아버지 세대의 한계를 극복하고 민족전선을 대중 정당 쪽으로 한 발짝 옮겨 놓았습니다. 특히 아버지 및 그 측근들이 보여 주었던 친나치, 반유대주의적 이미지를 벗어던지기 위해 노력

마린 르펜은 '파시스트의 딸'이라는 조롱을 받으며 자랐다. 아버지에게서 당권을 이어받은 르펜의 최우선 과제는 이미지 개선이었다. 르펜의 별명은 '인간의 얼굴을 한 극우'다.

했습니다. 민족전선은 반유대주의 정당이라는 이미지를 오랫동안 간직해 왔습니다. 장마리 르펜은 1987년에 "나는 제2차 세계대전의 역사에 열광했다. 가스실은 사소한 문제였다고 믿는다."라고 말했습니다.

민족전선의 부총재이자 리옹 대학 교수였던 골니시^{Bruno Gollnish}도 기자와 만난 자리에서 "뉘른베르크 재판°의 결과를 그대로 인정할 만한 역사가는 없다고 생각한다." "강제 수용소에서 죽은 사람의 숫자에 대해서는 더 논의를 해 봐야 한다." "아우슈비츠의 가스실이 실제로 있었는지에 대해서도 이론이 있을 수 있다."

등의 발언을 해 파문을 일으킨 바 있습니다. 민족전선의 또 다른 지도자 테유Georges Theil는 "유대인을 태워 죽인 화덕은 세균을 박멸한 화덕과 같다."라고 주장했습니다. 새로운 당수 마린 르펜은 이러한 반유대주의에서 벗어나 '정상화'의 길을 가려고 노력했습니다. 정당의 설립자이자 자신의 아버지인 장마리 르펜이 끝내 반유대주의 발언을 포기하지 않자 2015년 8월 아버지를 출당시키기까지 했습니다.

약진하는 민족전선

마린 르펜은 2012년 대선에 출마하여 18.5%의 득표율을 기록하며, 640만 표 이상을 얻었습니다. 그간의 위기를 탈출하는 신호이자 민족전선의 성공적인 세대교체를 보여 주는 사건이었습니다. 2014년 지방 선거에서는 9개 도시의 시장 자리를 민족전선이 차지했습니다. 2008년 지방 선거에서 단 1명의 시장도 배출하지 못했던 것에 비한다면 대단한 성과였습니다. 2015년 연말에 치러진 광역 단체장 선거에서는 시리아 난민 문제와 파리 테러 사건이 민족전선에 힘을 실어 주었습니다. 1차 투표 결과 민족전선은 6개 지방에서 선두를 차지했습니다. 북부의 노르파드칼레피카르디 지방에서는 마린 르펜이 압도적 1위(41.5%)를 차지했으며, 동남부의 프로방스알프코트다쥐르 지방의 경우, 그녀의 조카 마리옹 마레샬르펜이 1위(40.5%)에 올랐습니다.

당시 공화당이 2차 결선 투표에서 사회당과 손잡는 것을 거부하는 상황이었기 때문에 민족전선은 그 어느 때보다도 단체장 자리를 꿰찰 가능성이 높았습니다. 하지만 사회당이 경합 지역에서 공화당에 후보를 양보함으로써 결과적으로는 민족전선 대신 공화당이 단체장을 쓸어 갔습니다.

2017년 대선에서 일찍부터 강력한 대통령 후보로 손꼽힌 민족전선의 마린 르펜은 2002년 자신의 아버지에 이어 결선 투표에 진출했습니다. 결선 투표에서 무려 33.9%의 득표율을 얻음으로써 민족전선의 위상을 드높였습니다. 이어진 총선에서는 민족전선 역사상 처음으로 국민 의회 의석 8석을 획득했습니다. 마린 르펜 본인도 처음으로 의원 배지를 달고 하원에 입성하게 되었지요. 만일 현 대통령 마크롱이 공약한 대로 향후 총선이 비례 대표제로 치러지게 된다면, 다음 총선에서는 민족전선이 3분의 1 이상의 의석을 차지할 것이라는 예상도 나오는 상황입니다.

2015년 샤를리 에브도 테러 사건이 일어났을 무렵, 미셸 우엘베크Michel Houellebecq가 쓴 『복종soumission』이라는 소설이 프랑스 사회를 충격으로 몰아넣었습니다. 소설은 2022년 프랑스 대통령 선거에서 이슬람 정당이 정권을 장악하다는 내용을 담고 있었습니다. 마침 프랑스 사회가 테러의 공포에 떨고 있을 때여서 소설은 더 화제가 되었습니다. 그런데 한 가지 흥미로운 것은 소설에서 이슬람 정당과 결선 투표에서 맞붙는 정당이 사회당도 아니고 공화당도 아닌 바로 민족전선으로 설정되어 있다는 것입니다. 기존 정당이 극도로 약화되고 두 개의 극단적인 이데올로기 정당이 결선투표에 오른다는 것이 인상적입니다. 불사조라는 별명처럼 민족전선이 결선 투표에 나선다는 소설의 내용이 실제 현실이 될지 지켜봐야겠습니다.

유럽 통합
전쟁 없는 유럽이라는 꿈

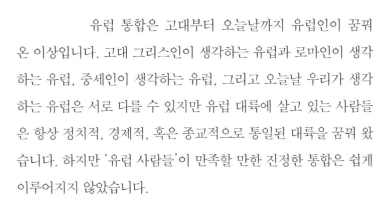

유럽 통합은 고대부터 오늘날까지 유럽인이 꿈꿔 온 이상입니다. 고대 그리스인이 생각하는 유럽과 로마인이 생각하는 유럽, 중세인이 생각하는 유럽, 그리고 오늘날 우리가 생각하는 유럽은 서로 다를 수 있지만 유럽 대륙에 살고 있는 사람들은 항상 정치적, 경제적, 혹은 종교적으로 통일된 대륙을 꿈꿔 왔습니다. 하지만 '유럽 사람들'이 만족할 만한 진정한 통합은 쉽게 이루어지지 않았습니다.

프랑스는 2차 세계 대전 이후 독일과 함께 현대 유럽 통합 운동을 이끌어 왔습니다. 지리적으로나 경제적으로나 프랑스는 유럽의 한가운데 자리 잡고 있습니다. 프랑스나 독일 가운데 어느한 나라가 동참하지 않는 유럽 통합의 진전은 상상하기 어렵습니다. 그만큼 유럽 통합에서 프랑스의 역할은 필수적입니다. 지금의 유럽 연합이 프랑스의 작품이라고 해도 과언은 아닐 것입니다.

전쟁 없는 유럽을 꿈꾸다

프랑스는 왜 유럽 통합에 매달리게 되었을까요? 일단 단기적으로는 전쟁 없는 유럽을 생각했습니다. 잘 알려져 있다시피, 1차 세계 대전은 '프랑스의 전쟁'이라고 할 정도로 전투의 대부분이 프랑스 땅에서 치러졌고 그 피해는 고스란히 프랑스의 몫이 되었습니다. 전쟁에서 승리하기는 했지만 그야말로 상처뿐인 영광이었습니다. 전쟁 피해에 따른 배상금을 물어 주어야할 독일이 엄청난 인플레이션에 시달렸고, 히틀러가 집권해 배상금 지불을 거부하면서, 프랑스는 경제적인 어려움을 떠안아야 했습니다.

이런 마당에 히틀러가 2차 세계 대전을 일으켰지요. 1차 대전의 쓴맛을 보았던 프랑스는 일찌감치 독일에 항복을 하고, 독일의 협력 정부인 비시 정부 수립을 받아들였습니다. 물론 드골을 비롯한 일부 프랑스인들이 런던에 임시 정부를 세우고 나치 독일에 대한 저항을 계속해 나갔지만, 프랑스 본토는 독일의 점령 아래 있었습니다. 프랑스 국민들은 전쟁의 참상을 피해 가기 힘들었습니다. 특히 프랑스의 유대인들은 독일과 비시 정권에 의해 아우슈비츠로 끌려가 목숨을 잃거나 모진 고생을 했습니다. 그리하여 사람들은 다시는 유럽에서 끔찍한 전쟁이 일어나지 않게 해야겠다는 생각을 품게 되었습니다.

전쟁 없는 유럽을 꿈꾼 것은 비단 프랑스인들만이 아니었습니다. 이탈리아의 데가스페리Alcide De Gasperi, 스피넬리Altiero Spinelli, 오스트리아의 쿠덴호베칼레르기Richard von Coudenhove-Kalergi 등 많은 사상가가 유럽에서 다시는 전쟁이 일어나지 않을 방안을 고민했고, 그 결과 유럽 통합을 꿈꾸게 되었습니다.

독일 경제의
발목을 묶다

2차 세계 대전이 독일의 패배로 끝났음에도 프랑스는 독일이 언제든지 다시 전쟁을 일으킬 수 있다고 생각했습니다. 1차 세계 대전 후 폐허가 되었음에도 불과 20년 만에 전 세계를 대상으로 전쟁을 일으켰던 나라니까요. 프랑스는 독일의 풍부한 지하자원을 주목했습니다. 독일은 경제 성장의 기초가 되는 석탄과 철강을 보유하고 있었습니다. 프랑스는 독일이 지하자원을 발판 삼아 급속한 경제 발전을 이루게 될 것을 우려했습니다.

경제를 회복한 독일이 또다시 전쟁을 일으키면 곤란하니까요. 이에 프랑스는 독일이 자국의 지하자원을 독점할 수 없게 만드는 방법을 구상하기에 이르렀습니다.

1951년 4월 파리에서 프랑스, 서독, 이탈리아, 벨기에, 네덜란드, 룩셈부르크의 대표들이 모여 각국의 석탄과 철강 자원을 함께 관리한다는 내용의 조약을 맺었습니다. 이로써 유럽 석탄 철강 공동체ECSC가 만들어졌습니다. 이 공동체는 나중에 유럽 경제 공동체EEC, 유럽 원자력 공동체Euratom와 유럽 공동체EC를 거쳐, 마침내 유럽 연합EU으로 발전하게 됩니다.

유럽 통합의 과정에는 많은 유럽인의 헌신이 있었습니다. 특히 프랑스에는 '유럽의 아버지'라 불리는 두 인물이 활약했습니다. 프랑스의 고위 관료였던 슈만Robert Schuman은 제3공화국 시절부터 제4공화국 시절까지 내내 공직에 있었습니다. 외교 장관, 국무총리, 하원 의원 등을 역임하면서 '유럽 석탄 철강 공동체' 계획을 성공적으로 추진했습니다. 슈만은 유럽 통합을 위해 태어난 인물인지도 모르겠습니다. 그는 오늘날의 룩셈부르크 지역 태생이지만, 프랑스-프로이센 전쟁의 여파로 독일이 그 지역을 점령하며 독일 국적을 갖게 되었다가 1차 세계 대전이 끝난 해인 1918년, 베르사유 조약으로 자연스럽게 프랑스 국적을 얻게 된 특이한 이력의 소유자였으니까요. 특유의 친화력으로 여러 국가 간의 조약을 잘 마무리지었던 슈만은 유럽 통합의 설계자로 불

유럽 통합을 위해 노력한 장 모네(왼쪽)와 로베르 슈만.

리고 있습니다.

또 다른 한 사람은 장 모네Jean Monnet입니다. 프랑스의 경제학자이자 외교관인 모네는 2차 대전 후 프랑스 재건을 위해 중요한 역할을 했습니다. 유럽 석탄 철강 공동체 설립에 기여하고, 유럽 공동체 의장을 지내기도 했습니다. 세계주의자였던 모네는 현실적 문제를 들어 유럽 통합을 비판적으로 바라보았던 드골 대통령에 맞서 유럽 통합을 위해 매진했습니다.

프랑스는 독일을
신뢰할 수 있을까?

　　　　　이처럼 프랑스는 유럽 통합을 주도한 나라입니다만, 국론이 항상 유럽 통합에 찬성하는 쪽으로 일치단결되었던 것은 아닙니다. 통합에 대한 찬반 논의는 언제나 뜨거웠습니다.

　특히 독일에 대한 부정적 감정이 자주 걸림돌이 되었습니다. 예컨대 냉전 시기 한국 전쟁의 여파로 유럽 방위군을 만들겠다는 계획이 탄력을 받은 적이 있습니다. 1952년 5월 파리에 모인 유럽 석탄 철강 공동체 6개국 대표들은 서유럽 방위를 목적으로 초국가적 성격의 공동체를 구성하기로 했습니다. '유럽 통합군'을 만들겠다는 계획 속에는 서독이 다시 군대를 가질 수 있게 허락해 서독 군대도 통합군에 포함시키겠다는 내용도 담겨 있었습니다. 이 조약은 북대서양 조약 기구NATO의 정식 승인도 받았습니다. 하지만 이 계획은 프랑스 의회의 조약 비준 거부로 무산되었습니다. 서독이 군대를 갖도록 허락할 수 없다는 이유였습니다. 다시 한번 독일에 대한 프랑스의 불안감이 표출된 셈이지요.

　1992년 마스트리히트 조약의 비준도 유럽 통합을 둘러싼 국론 분열을 보여 주는 대표적인 사건입니다. 마스트리히트 조약은 한 국가의 정치적 결정권을 유럽 연합에 일부 위임한다는 내용을 담고 있었기 때문에 많은 나라에서 찬반 토론이 격렬했습니다. 기존의 유럽 공동체가 주로 경제와 무역을 담당했다면, 마스트리히

1992년 9월, 유럽 통합을 꾀하는 마스트리히트 조약에 관한 국민 투표를 앞두고 텔레비전 토론이 벌어졌다. 프랑수아 미테랑 대통령(왼쪽)과 필리프 세겡 의원(오른쪽).

트 조약을 통해 새로 만들어질 유럽 연합은 경제·사회, 외교·안보, 사법과 국내 문제 등에 관여할 수 있었습니다.

국민의 주권을 매우 중요하게 생각하는 보수당, 더 나아가 극우파들은 이러한 조약에 반대했습니다. 반면 당시 대통령이었던 프랑수아 미테랑은 마스트리히트 조약의 국민 투표 통과에 사활을 걸었습니다. 그는 유럽 통합만이 전쟁 없는 유럽을 만들어 낼 수 있다고 굳게 믿었습니다. 마침내 국민 투표를 며칠 앞두고 양당파의 지도자 사이에 공개 토론이 벌어졌습니다. 소르본 대학에서 열렸던 미테랑 대통령과 공화국연합 소속 필리프 세겡Philippe Séguin 의원 사이의 토론은 프랑스 전역에 생중계되며 온 국민을 긴장감 속에 몰아넣었습니다. 토론 약 2주 후에 열린 국민 투표 결과는 찬성 51%, 반대 49%로 박빙 그 자체였지요.

통합을 둘러싼
여전한 갈등

　　　　　보수당은 비록 조약을 부결시키지는 못했지만, 그 다음 해 치러진 의회 선거에서 승리했습니다. 반대 토론의 주역이었던 세갱 의원은 하원 의장에 선출되기까지 했습니다. 이런 분위기가 이어지며 2005년 유럽 헌법 비준에 관한 프랑스 국민 투표에서는 과반이 반대해 결국 유럽 헌법 계획을 중단시켰습니다.

　독일은 대체로 유럽 통합에 대해 주요 정당들이 어느 정도 합의를 본 상태이지만, 프랑스의 경우는 그 대립이 매우 심했습니다. 유럽 통합에 찬성하는 사람들에게 더 걱정스러운 것은 유럽 통합에 매우 적대적인 민족전선이 프랑스 국민들의 상당한 지지를 얻고 있다는 점입니다.

　민족전선은 유럽 연합의 단일 화폐인 유로EURO를 기본 화폐 단위로 사용하는 유로존Eurozone에서 프랑스가 탈퇴해야 한다고 주장하고 있습니다. 2015년의 그리스 사태 및 시리아 난민 문제로 불거진 유로화 위기가 프랑스 경제에 피해를 끼친다는 이유 때문입니다. 또한 유럽 연합 회원국 내 자유로운 국경 이동에 관한 협정인 셰겐 조약Schengen Agreement이 테러의 위협을 높인다는 이유로 탈퇴를 거듭 주장하고 있습니다. 사실 프랑스가 유로존이나 셰겐 조약에서 탈퇴하는 일은 유럽 연합의 근간을 흔드는 것이나 다름없습니다. 만일 유로존과 셍겐 조약이 무너진다면 유럽 연합은 더 이상 설 자리가 없다고 보아야 합니다.

프랑스와 독일은 오늘날에도 여전히 유럽 연합의 쌍두마차 역할을 하고 있습니다. 후세대에게는 절대 전쟁이라는 끔찍한 유산을 남기지 않겠다는 두 나라의 지도자들과 국민들의 염원이 있기에 유럽 통합의 노력은 지속될 것으로 보입니다. 영국의 유럽 연합 탈퇴, 유로존 위기, 아프리카와 중동 지역으로부터 밀려드는 난민 문제 등 해결할 일은 많이 남아 있으나, 그 어느 것도 유럽 연합을 해체시키지는 못하리라 생각됩니다.

프랑스어권

언어를 매개로 뭉치다

2006년 유럽 연합 정상 회의에 참석한 자크 시라크 프랑스 대통령이 돌연 자리를 박차고 나가 버렸습니다. 회의에 참석한 프랑스 경제인이 프랑스어로 연설을 하던 도중 "지금부터는 비즈니스 공용어인 영어로 하겠다."라며 영어로 말하기 시작했기 때문입니다. 어떻게 된 상황인지 묻는 기자들에게 시라크 대통령은 "국제회의 석상에서 프랑스인이 영어로 연설을 한다는 사실에 깊은 충격을 받았다."라고 말했답니다. 국제 무대에서 영어로 말하는 것이 뭐 그리 대수인가 싶지만 모국어에 대한 자부심이 대단한 프랑스 대통령 입장에서는 꽤나 자존심이 상하는 일이었나 봅니다. 오늘날에는 영어에 밀리는 신세지만 20세기 초까지만 해도 프랑스어는 외교 언어이자 고급 언어로 위상을 떨쳤으니까요.

유럽의 외교 언어

유럽에서 프랑스어는 오랫동안 상류층의 공용어였습니다. 18세기 독일의 궁정 일상어가 프랑스어였고, 러시아 지식인들도 프랑스어로 대화를 나누었습니다. 특히 영국에서 프랑스어가 차지하는 위상은 상당했습니다. 영국의 의회, 법정, 행정 기관 등에서 프랑스어를 사용했고, 귀족들의 일상어도 프랑스어였으니까요. 물론 여기에는 노르망디 영주였던 윌리엄의 영국 정복이라는 역사적 배경이 있습니다. 프랑스 노르망디 방언을 사용하는 윌리엄이 영국의 왕이 되면서 프랑스어가 영국 지배 계층의 언어가 된 것이지요.

300년 동안 영국에서 프랑스어가 사용된 덕분에 민중의 언어였던 영어에도 프랑스어의 영향을 받은 말이 많이 생겨나게 됩니다. start(시작하다) meet(만나다) sell(팔다)처럼 쉬운 단어 대신 commence(시작하다) encounter(만나다) vend(팔다) 등 '유식해 보이는' 단어들이 생겨난 것이 대표적입니다. 뒤의 단어들은 각각 프랑스어 commencer, rencontrer, vendre에서 온 말입니다. 이외에도 프랑스어에서 온 영어는 셀 수 없이 많습니다.

정치
경제

237

식민 지배의 상징

　　2014년을 기준으로 할 때 전 세계에서 프랑스어를 말하는 사람은 대략 2억 7,400만 명 정도로 추산됩니다. 이들은 5개 대륙에 분포하고 있습니다. 유럽 귀족들의 공용어였던 프랑스어가 전 세계로 영향력을 넓힌 데에는 식민 지배의 역할이 컸습니다. 프랑스의 식민 지배를 받았던 국가에 지금까지도 프랑스어 사용자들이 남아 있으니까요. 특히 아프리카 대륙에서 프랑스어를 사용하는 인구는 대략 7,300만 명 정도로 추산됩니다. 프랑스 인구수인 6,600만 명보다도 더 많은 숫자입니다. 북아프리카의 알제리, 튀니지, 모로코, 남아프리카의 가봉, 토고, 코트디부아르 등 프랑스의 옛 식민지와 르완다, 콩고 등 벨기에의 옛 식민지에서 프랑스어가 사용되고 있습니다.

　그밖에 중동 지역, 특히 레바논에도 약 150만 명의 프랑스어 사용자가 있습니다. 여기에는 1860년대 가톨릭교도 보호를 위한 나폴레옹 3세의 군사적 개입, 1차 대전 이후 프랑스의 위임 통치 등의 역사적 배경이 얽혀 있습니다. 특히 1920년 시작된 위임 통치 기간은 20여 년 정도로 매우 짧았는데도, 레바논의 엘리트 계층은 자발적으로 프랑스어를 받아들였다고 합니다. 세계와 폭넓게 교류하기 위해 프랑스어를 배울 필요가 있다고 판단한 것이지요.

　베트남은 1862년 프랑스의 식민지가 되면서 프랑스어를 사용하게 되었지만 지금은 프랑스어 사용자가 거의 없습니다. 다만 베트남을 포함해 프랑스의 옛 식민지인 캄보디아, 라오스에 고령자를 중심으로 약 4만 명 정도의 프랑스어 사용자가 추산될 뿐입니다. 아시아 국가에서 유일하게 프랑스어 사용자가 남아 있는 이 인도차이나 지역은 5개 대륙에서 프랑스어가 사용되고 있다는 근거가 되고 있습니다.

그밖에 멀리 캐나다의 퀘벡 지역, 카리브해 연안의 나라들, 인도양의 마다가스카르에서 프랑스어가 사용됩니다. 또한 프랑스의 해외 영토인 남미 대륙의 기아나, 남태평양의 폴리네시아, 누벨칼레도니, 인도양의 레위니옹 등에서 프랑스어가 쓰이고 있습니다.

프랑스어권 국가 연합

영연방 공동체 혹은 코먼웰스Commonwealth라는 말을 들어 본 사람은 많아도 프랑코포니Francophonie라는 말을 들어 본 사람은 그리 많지 않을 것 같습니다. 프랑코포니는 프랑스어를 사용하는 권역을 의미하는 말입니다. 프랑코포니라는 말이 생겨난 것은 1880년경입니다. 오네짐 르클뤼Onésime Reclus라는 프랑스 지리학자가 『프랑스, 알제리 그리고 식민지들』이라는 책에서 처음으로 프랑스어를 말하는 사람들과 국가를 모두 일컬어 프랑코포니라고 불렀습니다. 이 말은 당시에는 거의 주목을 받지 못하다가 2차 세계 대전 이후 프랑스 식민지들의 독립이 본격화되면서 부각되었습니다.

20세기 초부터 프랑스어를 사용하는 사람들은 같은 언어를 사용하는 사람들이 모일 때 생겨나는 힘을 의식하기 시작했습니다. 서로 공유할 것이 많고, 도움을 주는 관계가 될 수도 있으니까요. 이후 프랑스어권의 작가, 출판인, 지식인, 언론인, 변호사, 프랑스어 교사 들이 각자의 그룹을 만드는 등 수많은 조직이 생겨났지요.

1960년 프랑스의 식민지 대부분이 독립하지만 이들 신생 독립 국가들은 프랑스와의 다각적인 협력을 계속해 나가기로 합니다. 이후 프랑스어권 국가들은 '문화 기술 협력 기구' 등을 만들고 정상 회의를 개최하는 등 교류의 폭을 넓혀 나갑니다. 마침내 1997년 베트남 하노이에서 열린 정상 회의에서 '프랑스어권 국가 연합 기구L'Organisation Internationale de la Francophonie'가 출범하게 됩니다.

'프랑스어권 국가 연합 기구'의 목적은 회원국의 발전을 돕는 것입니다. 언어, 문화뿐 아니라 정치, 경제 영역으로까지 협력의 범위를 넓히려 노력하고 있습니다. 실제 '프랑스어권 국가 연합 기구'는 토고, 콩고, 중앙아프리카 등에서 정치적 분쟁이 발생했을 때 적극적인 중재자의 역할을 맡아 문제를 해결한 바 있습니

프랑스어권 국가 연합 기구의 엠블럼.

다. 그뿐만 아니라 일부 국가에 선거 감시단을 파견하는 등 회원
국들이 민주주의와 인권을 존중하는 국가로 나아갈 수 있도록 노
력하고 있습니다.

언어가 가져다줄
기회

　　　　　한편, 프랑스어권 국가 연합 기구에 대한 부정적인
시선도 존재합니다. 예컨대 알제리는 이 기구가 식민 지배의 잔
재라는 이유로 가입을 거부했습니다. 과거 식민지 종주국인 프랑

코트디부아르의 수도 아비장에서 열린 제8회 프랑코포니 경기 대회에 참가한 선수들의 모습. 프랑스어권 국가들은 세계 각국에서 축제, 음악회, 국제회의, 전시회, 영화제 등 다양한 기념행사를 연다.

스를 중심으로 뭉치는 모양새이니 그런 비판이 나오는 것이지요. 그러나 한편에서는 이를 기회로 삼을 수 있다고 여깁니다. 비록 프랑스어는 식민 지배의 잔재이지만 전 세계에 널리 쓰이는 이 언어를 세계와 소통할 도구로 삼을 수도 있으니까요.

국제어로서 프랑스어를 사용하는 인구수는 영어, 에스파냐어, 아랍어, 포르투갈어에 이어 다섯 번째로 많습니다. 프랑스어를 경우에 따라서 하는 사람, 즉 프랑코포니 전부를 따진다면 영어와 에스파냐어 다음이라고 볼 수도 있습니다. 여기서 어쩌면 중국어를 떠올릴 사람도 있을 것입니다만, 중국어는 한 국가에 그 사용 인구 대부분이 밀집되어 있는 경우여서 국제어로 구분하기는 어렵습니다. 전 세계 5대륙 모두에 분포되어 있는 언어를 기준으로 한다면 프랑스어가 에스파냐어보다 우위에 있다고 볼 수도 있습니다.

하지만 기본적으로 프랑스어권 국가 연합 기구의 미래는 불투명해 보입니다. 미국과 중국의 영향력이 커지면서 덩달아 높아지는 영어와 중국어의 위상을 우리도 느끼고 있으니까요. 길거리를 돌아다녀 보아도 영어 학원과 중국어 학원은 쉽게 눈에 띄지만 프랑스를 배울 수 있는 곳은 찾기 힘든 형편입니다. 더구나 인터넷이 보편화되면서 이제 영어가 온라인상의 표준이 되고, 다른 언어는 더욱 소외되는 느낌입니다.

그럼에도 프랑스어를 배워야 하는 이유를 어디에서 찾을 수 있을까요? 지구상에서 마지막 남은 '미개척 대륙'인 아프리카를 주목해야 한다는 사람들이 있습니다. '차이나프리카Chinafrica'라는 말이 나올 정도로 최근 중국이 경제적인 측면에서 공을 들이고 있고, 전임 대통령 프랑수아 올랑드의 이름과 아프리카를 합친 말인 '올랑다프리크Hollande'Afrique'라는 신조어가 보여 주듯이 프랑스도 아프리카에 주목하고 있습니다. 우리에게도 아프리카는 마지막으로 도전할 수 있는 기회의 대륙이 아닌가 합니다. 이러한 측면에서 아프리카에서 가장 보편적으로 사용되는 언어가 프랑스어라는 것을 잊지 말아야 할 것입니다.

경제

여전히 강한, 그러나 위태로운

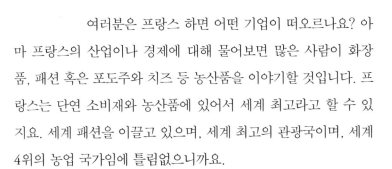

여러분은 프랑스 하면 어떤 기업이 떠오르나요? 아마 프랑스의 산업이나 경제에 대해 물어보면 많은 사람이 화장품, 패션 혹은 포도주와 치즈 등 농산품을 이야기할 것입니다. 프랑스는 단연 소비재와 농산품에 있어서 세계 최고라고 할 수 있지요. 세계 패션을 이끌고 있으며, 세계 최고의 관광국이며, 세계 4위의 농업 국가임에 틀림없으니까요.

하지만 뜻밖에도 프랑스의 경제를 견인하고 있는 산업은 다른 분야입니다. 항공 산업, 원자로, 군사 무기, 자동차, 초고속 열차 등은 프랑스의 수출에서 농산물에 비해 압도적 우위를 차지하고 있습니다. 그만큼 대외 경쟁력이 높다는 뜻이겠지요. 비록 우리 나라의 삼성, 엘지처럼 대기업으로 알려진 브랜드는 많지 않지만, 찬찬히 들여다보면 프랑스의 첨단 기술력이 얼마나 강건한지 놀라게 될 것입니다. 프랑스는 농업, 패션, 관광 등의 전통 분야와 과학 기술력이 집적된 첨단 분야가 조화된 경제 발전을 통해 세계 최강국 중 하나로 자리매김하고 있습니다.

주춤하는 경제

국제 통화 기금IMF 자료에 따르면 프랑스는 2016년 기준으로 국내 총생산GDP 2조 4,883억 달러, 세계 경제 6위, 유럽 경제 3위에 해당하는 국가입니다. 1990년대까지만 해도 프랑스는 세계 4위 자리를 지키고 있었습니다. 유럽에서도 독일 다음으로 부유했지요. 그러나 한때 침체했던 영국의 경제가 살아나고 중국이 급성장하면서 프랑스의 경제 순위도 하락하게 되었습니다.

2000년대 들어 이민자 소요, 주당 35시간 노동을 둘러싼 끊임없는 논쟁, 10%대의 지속적인 실업률 등이 프랑스 경제의 어려움을 보여 주고 있습니다. 프랑스의 제조업 비중은 매년 크게 감소하여 2012년 기준으로 볼 때 에스파냐보다도 낮은 상황입니다. 프랑스의 높은 실업률은 제조업의 위기와 무관하지 않을 것입니다.

프랑스 경제 위기의 근본적인 문제를 찾아보자면, 중상주의*를

● 나라의 부를 늘리려고 상업을 중히 여기고, 보호 무역주의의 입장에서 수출 산업을 육성하는 정책.

내세우며 산업에 대한 국가 개입의 오랜 전통을 갖고 있다는 점을 생각해 볼 수 있습니다. 일반적으로 자유주의 경제에서는 국가 개입을 최소화하고 있습니다. 국가 개입은 기업의 자율성을 떨어뜨리는 것이니까요. 그런 이유로 일부에서는 영미식의 기업 주도적 사회 구조로 프랑스가 바뀌어야 한다는 목소리도 높아지고 있습니다.

하지만 프랑스 경제에 긍정적인 면도 있습니다. 바로 상대적으로 높은 출산율입니다. 인구가 증가하면 그만큼 소비 증가를 불러일으키고 경제에 도움이 될 것이라 기대할 수 있습니다. 프랑스는 유럽 주요 국가들 중 유일하게 여성 1인당 2.01명(2014년 기준)의 출산율을 유지하는 나라입니다. 현재는 유럽에서 독일 다음으로 인구가 많은 나라이지만, 지금의 추세가 지속된다면 2050년에는 독일을 제치고 프랑스가 인구 면에서 유럽 최대 국가가 될 것입니다.

프랑스는
농업 국가

　　　매년 초 파리의 베르사유 박람회장Porte de Versailles에서 개최되는 농업 경진 박람회에는 대통령뿐 아니라 차기 대권 주자들까지 얼굴을 내밀고는 합니다. 농업을 외면하는 정치인은 프랑스에서 결코 사랑받을 수 없기 때문입니다. 그만큼 농업에 대한 프랑스인들의 애착은 상당합니다.

프랑스는 예로부터 유럽 최대의 농업 국가였습니다. 유럽 국가 가운데 가장 넓은 땅을 소유하고 있으며, 그 대부분이 평지라 농업에 유리한 자연환경을 가지고 있으니까요. 유럽 연합의 통계 조사 기관인 유로스탯Eurostat에 따르면, 2014년 기준으로 유럽 연합의 농업 생산에 가장 크게 기여하는 나라가 프랑스라고 합니다. 통계에 따르면 유럽 연합 전체 농업 생산 가치의 18%를 프랑스가 담당하고 있습니다. 특히 소고기 생산의 경우 유럽 연합 내 전체 생산량의 22%를 프랑스가 차지하고 있는 것으로 나타났습니다.

이와 같이 프랑스의 농업은 유럽 최고 수준에 다다라 있습니다. 하지만 최근 수십 년 동안 산업화로 인해 국민 총생산에서 농업이 차지하는 비중이 상대적으로 줄고 있는 것도 사실입니다. 자연히 농업 인구도 줄어드는 경향이 있지요. 프랑스 농민 1인당 평균 농업 소득은 꾸준히 증가했지만 여기에는 농업 종사자 수가 급격히 줄어든 탓도 있습니다. 기계화가 이루어지고 기업화된 대농장이 늘어나면서 농업 종사자의 수도 줄고, 농민 간의 소득 편차도 심화되고 있는 현실입니다. 게다가 프랑스의 자존심이라고 할 수 있는 포도주 시장에서는 최근 미국, 칠레, 오스트레일리아 등의 비중이 점차 커져 가면서, 프랑스의 와인 수출 비중도 점차 줄어들고 있습니다.

농업 박람회가 열린 베르사유 박람회장의 모습.

프랑스 농민들 사이에는 유럽 통합을 반대하는 정서가 뚜렷합니다. 유럽 연합이라는 단일 시장 안에서 가격 경쟁을 해야 하는 상황이 불만인 것이죠. 2015년에는 프랑스 농민 1,500명이 트랙터를 몰고 국경을 봉쇄하며 시위에 나서기도 했습니다. 축산물과 유제품 가격이 하락하면서 프랑스 농민들의 절망감이 극에 달했기 때문입니다. 게다가 유럽 연합과 러시아 간의 외교적 충돌로 인해 농산물 수출 차단 조치가 내려지면서 상황이 악화됐습니다. 당시 프랑스 농업부는 전체 농민의 약 10%에 해당하는 2만 2,000명의 농민이 파산 위기에 직면해 있으며 농민들의 부채 합계는 10억 유로에 달한다고 발표하기도 했습니다. 반유럽 연합을 표방하는 극우주의자 르펜을 향한 농민들의 지지에는 이러한 배경이 있습니다.

세계인이 사랑하는 관광지

프랑스 경제에서 무시 못 할 비중을 차지하는 것이 관광입니다. 프랑스는 세계 1위의 관광 대국으로 국민 총생산의 약 10%를 관광 산업이 차지합니다. 프랑스에 가 보지 않은 사람이라도 프랑스의 관광 명소 하나쯤은 알고 있을 겁니다. 루브르 박물관, 에펠탑, 베르사유궁 등의 관광지, 센강, 알프스 산맥 등 아름다운 자연환경이 특히 유명합니다. 포도주, 치즈 같은 음식을 비롯해 전시회, 음악 축제, 혁명 기념 불꽃놀이 등의 즐길 거리 또한 넘쳐 납니다. 우리가 유럽 여행을 떠난다고 하면서 프랑스, 특히 파리를 들르지 않는 경우를 찾아보기 어려운 것도 그 때문이지요.

하지만 최근 프랑스의 관광객 점유율은 많이 떨어진 상황입니다. 우선은 전 세계 관광 시장의 발전이 한 원인일 겁니다. 중국 및 아시아권의 신흥 관광 강국이 빠르게 성장하고 있으니까요. 게다가 프랑스의 관광 산업은 2015년 잇달아 발생한 파리 테러로 직격탄을 맞았습니다. 관광 성수기임에도 불구하고 파리 시내

에어버스 A380은 세계 최초로 복층 구조로 설계된 초대형 여객기다.

호텔의 투숙률이 반 토막이 났다고 합니다. 결국 2016년에는 유럽 관광지 1위 자리를 에스파냐에 내주었지요. 주춤했던 프랑스 관광 경기는 차츰 예전 수준을 회복하고 있다고 합니다.

한편 프랑스 관광청은 '랑데부 프랑스Rendez-vous France'라는 브랜드를 새롭게 내세우며 미래를 대비하고 있습니다. 프랑스가 더 이상 새로운 여행지로 여겨지지 않는 데 따른 변화의 시도입니다. 프랑스가 주목하는 것은 전시회, 국제회의 등을 통해 해외 관광객을 유치하는 '비즈니스 관광'입니다. 국제회의 참석자 1명당 하루 평균 320유로, 우리 돈으로 치면 약 45만 원 정도를 지출한다고 하니 상당한 수익을 창출하는 산업임을 짐작할 수 있습니다. 2008년 한 해 동안 프랑스가 국제회의 유치를 통해 창출한 매출이 50억 유로, 일자리가 5만 개가 넘는다고 합니다. 국제회의 건수만 보더라도 프랑스는 미국에 이어 세계 2위를 차지하고 있습니다. 특히 파리는 국제 비즈니스 도시 중 선두에 있으며, 주요 도시인 리옹, 보르도, 니스, 마르세유도 세계 100위 안에서 선전하고 있습니다.

엘리트 교육이 뒷받침하는
첨단 산업

흔히 프랑스를 예술과 문화의 나라로 생각하지만, 프랑스는 사실 과학 기술과 첨단 산업 분야에서 강한 나라입니다. 유럽 내 다른 국가들과 비교해 보면 항공 1위, 원자력 1위, 화학 2위, 정보 통신 3위, 제약 3위 등의 경쟁력을 갖추고 있습니다. 초고속 열차 테제베, 보잉과 어깨를 나란히 하는 항공기 제조 업체 에어버스 등은 우리에게도 익숙할 정도로 유명합니다. 프랑스는 노동력이 비싼 나라 중 하나이기 때문에, 노동 집약적인 산업은 발달할 수 없습니다. 따라서 최고의 아이디어와 자본, 국력을 가져야만 시행할 수 있는 분야에 초점을 맞추고 있습니다.

프랑스의 첨단 산업을 이끌고 있는 것은 연구 인력입니다. 산업을 책임지는 인재를 키워 내는 것은 그랑제콜로 대변되는 프랑스 교육 시스템과 직결되어 있습니다. 그랑제콜 중에서도 에콜 폴리테크니크 등의 공학 계열 학교들이 특수화, 전문화를 통해 첨단 산업에 필요한 인재를 길러 내고 있습니다. 특히 대학 교육 기관임에도 국방부에 소속되어 있는 에콜 폴리테크니크는 최고의 기술 관료 양성을 목표로 합니다. 이 학교의 졸업생들은 프랑스 첨단 산업의 핵심 역할을 담당하고 있습니다.

이공계 기피 현상이 두드러진 우리나라지만, 국내 이공계 대학생 수는 세계 최고 수준입니다. 문제는 교육의 양이 아니라 질일 것입니다. 과학 영재를 제대로 알아보고 체계적으로 가르쳐야 과학 엘리트를 사회 지도층으로 성숙시킬 수 있습니다. 그래야 우리나라 과학도 발전할 수 있을 것입니다. 오늘날 경제 선진국으로 세계 속에 우뚝 선 프랑스의 교육을 잘 참고해야겠습니다.

● 프랑스에서는 정치인의 사생활이 크게 문제되지 않는다고 하던데요?

　여러분도 국제 뉴스를 통해 프랑스 정치인, 특히 프랑스 대통령의 사생활 관련 기사를 많이 접했을 것입니다. 최근 화제가 되었던 소식은 마크롱과 그의 아내 브리지트 마크롱^{Brigitte Macron}의 러브 스토리입니다. 브리지트는 마크롱의 고등학교 시절의 은사로 두 사람은 24세의 나이 차이를 극복하고 결혼했다고 합니다. 전임 대통령 프랑수아 올랑드는 대통령궁인 엘리제를 몰래 나와 경호원의 스쿠터를 타고 여배우 쥘리 가예^{Julie Gayet}의 집으로 향하는 사진이 찍힌 적이 있습니다. 이 사진은 한 잡지의 표지에 실렸었는데요. 당시 올랑드는 엘리제궁에 함께 사는 연인이 있는 상황이었습니다. 그 탓에 대통령의 사생활은 더욱 화제가 되었지만 이 상황에도 올랑드는 바티칸을 방문해 교황을 만나는 등 정상적인 집무를 수행했습니다. 그 전 대통령인 니콜라 사르코지는 제5공화국 대통령으로서는 처음으로 대통령직에 있으면서 이혼과 재혼을 한 대통령으로 기록됩니다.

　하지만 이런 정치인의 스캔들이 언론에 주요 기사로 등장한 것은 그리 오래된 일이 아닙니다. 정치인들의 사생활을 다루지 않는 것이 프랑스 언론의 오랜 불문율이었습니다. (물론 선정적 보도 위주의 옐로 페이퍼는 논외로 해야겠지요.) 그렇기에 『파리 마치Paris Match』가 프랑수아 미테랑 대통령이 혼외 자인 마자린 팽조Mazarine Pingeot와 함께 있는 모습을 표지 사진으로 싣고, '미테랑과 그의 딸'이라는 제목으로 보도한 것은 많은 논란을 가져왔습니다. 미테랑에게 숨겨 놓은 딸이 있었다는 것도 충격적이었지만, 그 내용을 유력 주간지가 특집으로 꾸며 보도한 것도 또 다른 의미의 논란거리였던 것입니다. 며칠 후 『르몽드』를 비롯한 다른 언론도 이 내용을 기사화했습니다. 르몽드는 '우리는 정치인의 사생활에는 관심이 없다. 하지만 그 사생활이 공적일 일과 연관된다면 그 내용을 기사화할 것이다.'라고 입장을 표명했습니다. 당시 미테랑이 딸을 아프리카 공식 방문에 데려갔을 뿐만 아니라 딸의 남자 친구도 이 여행에 동행한 것이 밝혀졌습니다. 나랏돈이 엉뚱한 곳으로 샜기에 이 사건은 정치인의 사생활 차원의 문제가 아니게 된 것이지요.

　제가 기억하기에는 이때 이후로 정치인의 사생활을 기사화하지 않는다는 불문율이 깨진 것 같습니다. 하지만 보통의 프랑스인들은 정치인의 사생활을 밝히는 것을 걱정합니다. 그렇게 된다면 정치는 스캔들의 경연장이 될 것이고 이는 곧 '위선적인 미국식 정치'가 될지 모른다는 우려이지요. 한국보다 개방적이고 자유로운 연애가 일반적인 프랑스에서 민감한 사생활을 서로 밝히기 시작하면 그 누가 살아남겠습니까? 정치는 그야말로 실종되고 말 것입니다.

● 브렉시트로 유럽 연합, 특히 프랑스는 커다란 영향을 받지 않을까요?

영국Britain의 유럽 연합 탈퇴exit를 의미하는 브렉시트Brexit를 이야기하기 전에, 우선 영국이 유럽 연합에 어떻게 가입하게 되었는지부터 살펴보는 것이 좋을 것 같습니다. 잘 알려져 있다시피, 1952년 유럽의 6개국이 창설한 유럽 석탄 철강 공동체가 발전해 1993년 유럽 연합이 출현하게 됩니다. 여기서 주목할 점은 영국은 처음부터 이 공동체에 참가할 의사가 없었다는 점입니다. 평소 자신들의 정치적, 경제적 이해관계가 대륙과 다르다고 생각하던 영국은 대륙의 경제 공동체에 참여하지 않았을 뿐만 아니라, 오히려 이에 대립되는 조직인 유럽 자유 무역 연합EFTA을 1960년 주도적으로 조직했습니다. 이 연합에는 영국, 스웨덴, 네덜란드, 덴마크, 스위스, 오스트리아, 포르투갈 등 7개 나라가 가입했습니다. 하지만 몇 년 지나지 않아 영국은 덴마크와 함께 유럽 자유 무역 연합을 탈퇴하고 유럽 연합의 전신인 유럽 경제 공동체에 가입합니다. 그편이 영국의 경제에 훨씬 유리하다고 판단했기 때문이지요. 영국은 언제라도 국익에 따라 국제 조직에 가입하고 떠날 준비가 되어 있던 나라입니다. 이러한 맥락에서 보면 영국이 유럽 연합 탈퇴를 결정한 것도 그리 충격적이지 않습니다. 이미 영국에게는 "마지못해 참여하는" "미온적인" "섬나라적인" 등의 별칭이 붙어 있었습니다. 독일이나 프랑스와는 커다란 차이가 있는 것이지요.

영국은 유럽 연합 조약 50조에 따라 2017년 3월부터 탈퇴 협상을 시작했습니다. 하지만 정해진 2년 내 완전한 탈퇴가 이루어진다고 해도 영국은 유럽 연합 소속의 개별 국가들과 자유 무역 협정을 체결함으로써 경제적 교류를 지속하고, 영국인과 나머지 회원국 국민들이 자유롭게 왕래하고 취업할 수 있도록 취업 협정도 맺을 수 있습니다. 심지어 유럽 연합 탈퇴 후에는 유럽 연합 자체와 자유 무역 협정을 맺을 수도 있습니다. 이렇게 보면, 영국이 난민 할당 등 곤란한 문제는 피하고 경제적 이점은 그대로 가져가려는 하나의 방편으로 브렉시트를 이용한 것이 아닌가 하는 생각도 듭니다. 영국은 유럽 연합 가입국이면서 유로화도 쓰지 않았고, 셍겐 조약에도 가입하지 않았습니다. 어떻게 보면, 영국은 언제라도 유럽 연합을 떠날 준비가 되어 있었다고도 할 수 있습니다.

　물론 영국의 브렉시트 찬반 투표 결과인 51.9%의 찬성이 인위적으로 만들어 낼 수 있는 득표율은 아닙니다. 그리고 영국이 짊어질 브렉시트의 미래는 그리 단순하게 분석할 수도, 예측할 수도 없습니다. 하지만 유럽 공동체에 대한 영국의 태도나 이번 사태를 고려할 때, 영국이 그렇게 큰 타격을 입지는 않았다고 볼 수 있고, 마찬가지로 유럽 연합 입장에서도 떠날 나라가 떠난 것이라고 생각할 수도 있습니다. 브렉시트 투표가 끝난지 1년의 시간이 지났지만, 언론에서 브렉시트에 대한 심각한 후유증을 다루는 기사는 찾아보기 힘듭니다.

프랑스인이
인생을
*05 »
즐기는
법

여가 문화

충분한 휴식, 다채로운 문화

　한번은 프랑스 텔레비전에서 우리나라 기차 문화를
소개하는 프로그램을 본 적이 있습니다. 대부분의 사람이 기차
안에서 졸고 있는 모습이 인상적이었던지 이를 특별히 클로즈업
했던 것이 생각납니다. 프랑스인들이 지하철이나 버스, 특히 기
차에서 조는 모습은 거의 찾아보기 어렵습니다. 아마도 충분한
수면 시간 때문이 아닐까요.

　2015년 경제 협력 개발 기구ᴼᴱᶜᴰ에서 재미있는 조사를 했습니
다. 국가별 하루 평균 수면 시간을 조사한 것인데 조사 대상 18개
국가 중 1위가 프랑스, 최하위가 한국이었습니다. 조사에 따르면

프랑스인의 하루 평균 수면 시간은 8시간 50분으로, 평균 7시간 49분인 한국인보다 1시간 1분을 더 잔다고 합니다. 대부분의 프랑스인은 주중에는 일찍 자고 일찍 일어납니다. 특히 어린아이들은 저녁 8시에서 9시 사이에는 잠자리에 드는 것이 일반적입니다. 우리나라 어린이들과는 대조적인 모습이지요. 짧은 노동 시간과 긴 바캉스^Vacances로 유명한 프랑스인, 그들의 여가 시간은 어떤 모습일까요?

특별히 긴 휴가
유별난 바캉스 사랑

프랑스인들에게 왜 열심히 일하느냐고 질문하면, 바캉스를 떠나기 위해서라고 대답한다는 말이 있습니다. 그만큼 바캉스는 프랑스인에게 없어서는 안 될 문화입니다. '일중독'이라 불리는 우리나라 사람들이 어느 정도 받아들였으면 하는 문화이기도 합니다.

바캉스 문화를 살펴보기 위해서는 우선 학교 방학 제도를 알아야 합니다. 프랑스의 학기는 9월 초에 시작되며 다음 해 6월 말까지 이어집니다. 7~8월 두 달간의 여름 방학을 끝내고 새 학기를 시작한 학생들은 학기 중에도 각 2주간의 방학을 네 번 맞습니다. 11월 1일을 전후한 추수감사절 방학, 12월 25일 무렵의 크리스마스 방학, 스키 방학이라고도 불리는 2월 중순경의 겨울 방학,

그리고 4월 초순의 부활절 방학이 있습니다.

일반 직장인들에게는 연 5주의 휴가가 주어지는데, 대부분 여름 휴가철에 2~3주를 사용합니다. 여름에 파리를 방문한 경험이 있는 사람이라면 쉽게 눈치를 챘을 것입니다. 7~8월 파리에는 파리 시민은 없고 그야말로 외국인 관광객만 북적댑니다. 대부분의 사람들이 이 시기에 장기간의 바캉스를 떠나기 때문입니다. 관광객을 상대하지 않는 일반 상점들의 경우도 2주에서 많게는 한 달까지 문을 닫는 것을 쉽게 볼 수 있습니다. 심지어 파리 중심지의 주차 공간에는 아예 8월에는 주차 요금을 받지 않는다는 표지가 있을 정도입니다. 주차 단속원들 또한 바캉스를 떠나니 요금 징수가 어려운 만큼 합리적인 방안을 찾은 것이겠지요.

떠날 수 없다면 파리에서, 양보할 수 없는 바캉스

어느 나라나 그렇겠지만 프랑스라고 모든 사람이 바캉스를 즐길 수는 없습니다. 파리에도 서민은 존재하고 일부는 바캉스를 만끽할 형편이 되지 못합니다. 한 통계에 따르면 매년 프랑스인의 약 40%가 휴가를 떠나지 못한다고 합니다.

2002년 사회당 소속 파리 시장이었던 들라노에Bertrand Delanoë가 기발한 아이디어를 실행에 옮깁니다. 일명 파리 플라주Paris Plages, 해석하자면 파리의 해변이라는 의미입니다. 파리시는 센강 주변

문화

센강 주변의 인공 모래사장에서 일광욕을 즐기는 파리 시민들의 모습.(위)
2017년 파리 플라주 홍보 포스터.(아래)

에 모래와 파라솔을 설치하여 해변처럼 꾸미고 휴가를 가지 못하는 시민들이 바캉스를 즐기도록 했습니다. 2002년 시행된 파리 플라주는 지금까지도 이어지고 있습니다. 매년 여름 많은 시민이 이곳에 모여 바캉스를 즐깁니다. 도시의 뜨거운 태양 아래 비키니 차림으로 책을 보고 일광욕을 하는 모습은 매우 이채롭습니다. 최근에는 서울시도 이를 모방하여 잠수교에 한국판 파리 플라주인 잠수교 바캉스를 추진한다 하여 화제가 되었습니다.

프랑스인들이 바캉스를 얼마나 소중히 생각하는지 보여 주는 또 하나의 일화가 있습니다. 2003년 여름, 프랑스는 이상 고온으로 몸살을 앓았습니다. 심지어는 기온이 40도까지 오르는 일도 벌어졌습니다. 평소 파리의 여름 기온은 30도까지 오르는 일도 별로 없을뿐더러 습도도 낮아 건물 안에 있으면 더위를 거의 느끼지 못합니다. 자동차는 물론 집에도 냉방기를 사용하는 사람이 드물었습니다. 저 역시 유학하는 8년 내내 선풍기조차 없었으니까요. 갑작스러운 이상 고온으로 그해 많은 사람이 죽었습니다. 특히 냉방 시설이 안 되어 있던 병원이나 양로원에서 많은 노인이 생명을 잃었습니다.

놀랍게도 당시 뉴스에 따르면, 바캉스를 떠난 자식들에게 부모가 죽었다고 알렸지만 바캉스를 마저 마치고 돌아오겠다고 한 사람이 꽤 있었다고 합니다. 결국 파리 남쪽 근교 렁지스에 있는 대규모 수산 시장에 시신을 모셔 두고 자식들이 바캉스에서 돌아올

문화

때까지 기다렸다고 합니다. 게다가 당시 캐나다로 바캉스를 떠났던 자크 시라크 대통령 또한 수많은 국민이 이상 기온으로 희생되었는데도 즉시 귀국하지 않고 일정대로 바캉스를 마쳤습니다. 우리 상식에는 너무 낯선 이야기입니다.

축구가 최고
야구는 별로

프랑스인들이 가장 좋아하는 스포츠는 무엇일까요? 한 조사에 따르면, 축구가 1위이고, 테니스가 2위입니다. 그 뒤로는 승마, 유도, 농구, 핸드볼, 럭비, 골프, 카약 등이 사랑받고 있습니다.

프랑스의 축구 사랑은 국제적으로도 유명합니다. 우리가 흔히 피파FIFA라 부르는 국제 축구 연맹이 영어가 아닌 프랑스어 Fédération Internationale de Football Association의 약자라는 사실에서도 이를 짐작할 수 있습니다. 실제 국제 축구 연맹과 유럽 축구 연맹UEFA 탄생의 주역은 모두 프랑스인입니다.

프랑스 축구 국가 대표팀의 전성기는 지네딘 지단Zinedine Zidane이 활약했던 1998년 무렵입니다. 당시 프랑스 대표팀은 예술적인 경기 스타일인 '아트 사커'를 뽐내며 프랑스 월드컵에서 우승을 차지하기도 했지요. 지금의 프랑스 축구는 전성기 때만큼은 못하지만, 여전히 국민들의 사랑을 듬뿍 받고 있습니다.

우리의 눈에 한 가지 특이한 것은 프랑스인들이 야구에는 관심이 없다는 점입니다. 사실 유럽에는 이탈리아, 네덜란드 등을 제외하고는 야구를 하는 나라가 거의 없습니다. 프랑스인들에게 야구는 낯선 스포츠입니다. 우리나라에서는 많은 사랑을 받는 야구가 왜 프랑스에서는 인기가 없을까요?

프랑스 야구 중부 리그 회장인 에르베 라페르Hervé Lapeyre의 말에서 힌트를 얻을 수 있습니다. "야구는 프랑스 것이 아닙니다. 야구는 미국적인 스포츠입니다." 프랑스의 유별난 반미 성향이 야구의 인기에도 영향을 준 게 아닐까, 생각해 봅니다. 그 외에도 야구를 하려면 축구장의 약 두 배 크기의 경기장이 필요하고, 또 프랑스 초등학교에서는 체육 시간에 야구를 하는 경우가 거의 없다는 점도 지적할 수 있겠지요.

예술을 논하며
여가를 보내다

프랑스 텔레비전 뉴스를 보다 보면, 새로 나온 영화나 연극, 혹은 전시회 및 공연 관련 소식이 메인 뉴스로 취급되는 경우가 있습니다. 언제나 정치나 사회 이슈로 문을 여는 한국의 뉴스와는 다른 모습입니다. 그만큼 예술에 대한 프랑스인들의 관심이 높다고 할 수 있습니다. 매주 수요일에 개봉되는 영화에 많은 사람이 관심을 보이고, 친구 및 직장 동료들과의 주요 대화 소

「파리스코프」에 한국 영화 「여행자」 가 소개된 모습. 「여행자」는 9살 때 한국에서 프랑스로 입양된 우니 르 콩트(Ounie Lecomte) 감독의 자전적 인 이야기를 담고 있다.

재에도 영화와 전시회 이야기가 빠지지 않습니다.

이를 위해 프랑스인들이 주로 구입하는 것이 매주 수요일 발간되는 『파리스코프Pariscope』라는 문화 예술 정보지입니다. 1965년 창간된 이 잡지는 파리 시민의 필수품이라 할 수 있을 정도로 인기가 높습니다. 매주 새로 업데이트된 소식뿐만 아니라 박물관 등의 운영 시간, 요금 정보 등도 빼놓지 않고 제공합니다. 최근 인터넷의 발전으로 판매가 주춤하고는 있지만 여전히 파리 시민의 사랑을 받고 있습니다.

축제의 나라

프랑스는 축제의 나라답게 많은 축제가 전국 곳곳에서 1년 내내 펼쳐집니다. 우리에게도 유명한 칸 영화제 등 영화 관련 축제부터 음악제, 연극제, 지역 축제까지 그 종류도 다양합니다.

악기를 다룰 줄 아는 모든 프랑스인들이 거리에 나와 악기를 연주한다고 상상해 보십시오. 생각만으로도 근사하지요? 매년

아비뇽 연극제의 모습. 오프 페스티벌에 참여한 배우들이 길거리에서 공연을 하고 있다.

하짓날(6월 21일) 프랑스 전국의 길거리는 아마추어 연주자로 가
득 찹니다. 이 음악 축제는 사회당 정권이 내놓은 대표적인 서민
정책으로 프랑스에서 가장 성공한 축제 가운데 하나입니다. 엄숙
한 공연장이 아니라 거리에서 다양한 음악을 감상하고 호응할 수
있다는 것이 이 축제의 진정한 매력입니다. 저는 여름 방학 동안
프랑스에 갈 일이 있으면 이 축제를 보기 위해 일부러 서둘러 하
짓날에 파리에 도착하기도 했습니다.

　14세기 '아비뇽의 유수'로 잘 알려진 프랑스 남부의 도시 아비

뇽에서는 아비뇽 연극제가 열립니다. 로마 교황과는 별개로 프랑스 왕의 영향력 하에 있던 아비뇽의 교황은 약 70년 간 이곳에 머물렀습니다. 과거 교황청 건물이 아직도 그대로 남아 있어 아비뇽 연극제의 주요 무대가 되고 있습니다. 1947년 시작된 이 연극제는 인IN과 오프OFF로 나뉘어 진행됩니다. 인 페스티벌은 주최 측이 선별한 공식 작품들로 구성됩니다. 주요 작품들은 교황청 안뜰에서 공연됩니다. 오프 페스티벌은 프로와 아마추어 구분 없이 자유롭게 참여할 수 있는데, 공간만 있다면 어디서든 공연을 할 수 있습니다.

지역 주민이
함께 만드는 공연

퓌뒤푸Puy du Fou는 프랑스 서쪽 방데 지역에 위치한 '역사 테마파크'입니다. 이곳에서는 유럽과 프랑스의 다양한 역사를 체험할 수 있는데, 무엇보다 가장 큰 주목을 받는 것은 야간 야외극인 「시네세니Cinéscénie」입니다.

「시네세니」를 이해하기 위해서는 이 지역의 비극적인 역사를 먼저 알아야 합니다. 방데 지역은 프랑스 혁명 당시 왕당파의 지역으로 여겨졌습니다. 당시 방데에서는 혁명군과 지역 왕당파 사이의 피비린내 나는 전쟁이 벌어졌습니다. 프랑스 역사에서 대혁명은 분명 하나의 커다란 이정표이고, 국가적으로 경축할 만한

화려한 무대 효과가 인상적인 야외극 「시네세니」의 한 장면.

사건이지만, 적어도 이 지역 주민들에게는 조상들이 처참히 살해 당한, 가슴 아픈 상처를 남긴 사건이었습니다.

「시네세니」는 방데 전쟁에서 희생당한 조상을 추모하고 기억 하려는 지역 주민들의 의지에서 출발했습니다. 주민들은 반혁명 지역으로 간주되었던 방데의 사람들이 세계 대전 등을 경험하며 공화국에 동화되어 가는 이야기를 퍼레이드로 만들어 냈습니다.

「시네세니」는 첨단 기술과 화려한 무대 효과가 합쳐진 대서사 드라마로, 지역 문화의 눈부신 성취라고 할 수 있습니다.

시네세니 공연을 돕는 3,000여 명의 자원봉사자와 1,200여 명에 가까운 출연진 대부분은 이 지역 출신입니다. 지역 주민들이 거의 무료 봉사 차원으로 참여해 만드는 공연이기 때문에 시네세니는 주민들의 일상생활을 고려해 주말에만 상연됩니다.

프랑스인들의 일상 문화는 매우 다채롭습니다. 충분한 휴식과 문화 행사 참여를 통한 재충전을 결합한 프랑스의 여가 문화는 우리도 참고할 만한 방식이 아닐까요?

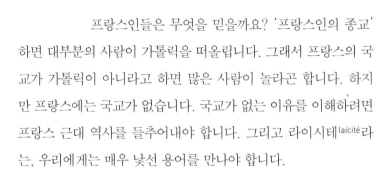

종교

어디까지나 개인적인

프랑스인들은 무엇을 믿을까요? '프랑스인의 종교' 하면 대부분의 사람이 가톨릭을 떠올립니다. 그래서 프랑스의 국교가 가톨릭이 아니라고 하면 많은 사람이 놀라곤 합니다. 하지만 프랑스에는 국교가 없습니다. 국교가 없는 이유를 이해하려면 프랑스 근대 역사를 들추어내야 합니다. 그리고 라이시테^{laïcité}라는, 우리에게는 매우 낯선 용어를 만나야 합니다.

종교와 정치는 서로 독립적으로!

라이시테는 '비종교성' '종교 중립성' '세속주의' 등의 우리말로 번역할 수 있습니다. 하지만 학자들은 라이시테라는 말을 그대로 쓰는 경우가 많습니다. 라이시테라는 용어의 의미가 상당히 다양한 터라 어느 하나의 번역어로는 그 뜻을 충분히 전달하기 어렵기 때문입니다.

라이시테는 그리스어에서 온 말입니다. 그리스어 라이코스^{laikos}는 민중을 나타내는 피플^{people}과 같은 뜻입니다. 이 말이 기독교 사회였던 중세에는 라익^{laïc}, 즉 성직자가 아닌 세례를 받은 일반인을 뜻하는 말이 되었습니다. 19세기 후반, 라익에서 파생된 라이시테가 '종교 권력과 정치권력이 상호 중립을 지키는 사회'라는 개념으로 정착한 것이지요.

19세기 후반, 새로이 공화국이 들어섰음에도 불구하고 왕당파와 손잡은 가톨릭교회는 여전히 프랑스 사회에 막강한 권력을 휘둘렀습니다. 공화국 정부는 성직자들의 권력을 제한할 필요성을 강하게 느꼈습니다. 이런 맥락에서 종교 권력과 정치권력의 상호 중립을 의미하는 '라이시테'라는 개념이 화두가 된 것입니다. 정부는 가톨릭교회가 세운 종교 학교의 영향력을 약화하기 위해 공립 학교 교사 양성에 힘쓰는 한편, 종교 학교에 대한 재정 지원을 중단하여 문을 닫게 만들었습니다. 결정적으로 1905년 에밀 콩브 정부가 정교분리법을 제정하면서 종교는 공적 영역에 발을 붙일 수 없게 되었습니다.

19세기 말부터 20세기 초까지의 라이시테가 공적인 공간에서 가톨릭을 무력화하려는 노력이었다면, 그로부터 100년이 지난 20세기 말부터는 이슬람을 무력화하려는 노력이 진행되고 있습니다. 라이시테가 우리에게 널리 알려지게 된 계기도 1989년 무슬림 여학생들이 히잡을 쓰고 등교했다는 이유로 퇴학을 당하는 사건이었지요. '히잡 사건' 이후 프랑스 사회는 이슬람의 정교일치 원칙과 대비되는 라이시테 원칙을 적극적으로 말하기 시작했습니다. 일부 지방 자치 단체는 프랑스 혁명의 3대 정신인 자유, 평등, 우애와 함께 라이시테를 청사 현관 상단에 새겨 라이시테의 위상을 새삼 강조하기도 했습니다. 이러한 현상은 라이시테를 가톨릭, 이슬람과 경쟁하는 하나의 종교로까지 생각하게 합니다.

교회의 맏딸에서
철저한 정교분리로

오늘날 프랑스에서 가톨릭은 그저 하나의 문화일 뿐 종교로 자리매김하기에는 그 위세가 너무나 약해졌습니다. 여론 조사에 따르면 프랑스 인구 4분의 3 정도가 자신을 가톨릭교도라고 대답한다고 해도, 실제 주일마다 미사에 나가는 사람은 10명 가운데 1명도 채 되지 않습니다. 하지만 과거의 위상은 달랐습니다. 한때 프랑스는 '교회의 맏딸'이라 불렸습니다. 496년 프랑크 왕국의 왕이었던 클로비스가 세례를 받으면서 유럽 최초로 공식적인 가톨릭 국가가 되었기 때문입니다. 프랑스 왕조의 본격적인 시작으로 볼 수 있는 위그 카페 왕조부터 '신의 은총을 받은' 왕들은 가톨릭을 기반으로 왕국을 통치했습니다.

프랑스의 가톨릭을 이야기하면서 언급해야 할 것이 두 가지 있습니다. 하나는 갈리카니슴^{gallicanisme}이고 다른 하나는 위그노로 대표되는 프로테스탄트입니다. 갈리카니슴은 '프랑스 교회가 교황으로부터 독립해 자율성을 가질 것'을 옹호하는 이론입니다. 오늘날에도 전 세계의 가톨릭 신자들은 교황을 신의 대리자로 여기며 절대적으로 존경하고 신뢰합니다. 하물며 전통 시대 유럽인들의 경우 이러한 관례는 더욱 강했겠지요. 가톨릭 국가인 프랑스의 국왕들 또한 교황의 권위를 존중했습니다. 하지만 일부 왕들은 왕의 권력에 간섭하는 교황을 달갑게 여기지 않았습니다.

필리프 4세의 사례가 대표적입니다. 필리프 4세는 1305년 로마에 있는 교황에 대항하여 프랑스인 교황을 선출해 1370년까지 아비뇽에 머무르게 했습니다. 역사에서는 이 사건을 아비뇽의 유수라고 부릅니다. 그 후에도 프랑스 왕들은 얀세니스트와 예수회 등 가톨릭 교파를 박해하고 '삼십 년 전쟁'에서 신교도 국가를 지원하는 등 여러 차례 교황과의 갈등을 빚었습니다.

그럼에도 불구하고 프랑스 왕들이 수 세기에 걸쳐 교황과 밀접한 관계를 가져왔다는 사실은 분명합니다. 프랑스 혁명을 계기로 프랑스는 교황권과 결별했지만, 나폴레옹에 의해 가톨릭은 '프랑스인 대부분의 종교'로 다시 인정받았습니다. 혁명 세력이 배척한 가톨릭교회의 손을 황제가 다시 잡아 준 것이지요. 이렇듯 프랑스 역사 속에서 왕과 가톨릭교회는 서로 도우며 권력을 유지해 왔습니다.

자유를 찾아
떠난 위그노

오늘날 프랑스 내 프로테스탄트는 약 100만 명에 지나지 않습니다. 파리는 물론이고 지방을 돌아다녀도 생테티엔이나 라로셸 등 전통적 신교 도시 일부를 제외하고는 개신교회를 찾아보기 어렵습니다. 오히려 파리에서 한인 개신교회를 찾아보는 것이 쉬울 정도이지요.

프랑스의 프로테스탄트, 그 가운데에서도 종교 개혁가 장 칼뱅의 추종자인 위그노들은 역사에 뚜렷한 흔적을 남겼습니다. 가톨릭교도들이 나바르의 왕 앙리의 결혼식을 축하하기 위해 모인 위그노들을 잔인하게 학살했던 성 바르톨로메오 사건이 대표적입니다. 위그노였던 나바르의 앙리는 훗날 가톨릭으로 개종하여 프랑스의 왕 앙리 4세가 됩니다.

국왕이 되기 위해서 가톨릭으로 개종할 수밖에 없었던 앙리 4세는 1598년 신교도들에게 종교의 자유와 정치적 자유를 용인^{tolérance}

성 바르톨로메오 축일의 학살이 시작되고 불과 6일 만에 3천여 명이 목숨을 잃었다. 이후 한 달 동안 수만 명이 살해당한 것으로 전해진다.

하는 낭트 칙령을 반포했습니다. 오늘날 우리나라에서도 많이 쓰이는 톨레랑스라는 말이 여기서 기원했지요. 낭트 칙령으로 종교 전쟁이 끝났지만, 칙령의 효과는 오래가지 못했습니다. 백 년이 채 되지 않은 1685년, 루이 14세가 퐁텐블로 칙령을 반포하여 프랑스의 유일한 종교가 가톨릭임을 선언했기 때문입니다.

　이 칙령으로 프랑스 내 약 20만 명의 위그노들은 신앙의 자유를 누릴 수 없게 되었고 결국 신교 국가인 네덜란드, 독일, 영국 등으로 이주하게 됩니다. 프랑스에서 거주하면서도 항상 불안에

떨었던 이들은 토지 재산보다는 현금 등 쉽게 움직일 수 있는 재산을 소유하고 있었고 기술을 확보한 경우가 많았습니다. 신교도를 대규모로 맞이한 국가들은 상당한 부와 더불어 기술자를 얻게 되었습니다. 이는 영국에서 18세기 말 산업 혁명이 일어날 수 있었던 하나의 원인으로 설명되기도 합니다.

영원한 이방인

프랑스의 또 다른 종교 소수자로 유대인을 빼놓을 수 없습니다. 오늘날 프랑스에는 대략 50~70만 명의 유대인이 거주하는 것으로 알려져 있습니다. '영원한 이방인'이라는 별명이 드러내듯 유대인은 프랑스 주류 사회에 제대로 녹아들지 못했습니다. 프랑스 유대인들은 오랫동안 반유대주의에 시달려 왔습니다.

프랑스 혁명 이래 정식으로 프랑스 국민임을 인정받았다고는 하나 19세기 말 드레퓌스 사건에서 보았듯이 프랑스의 반유대주의는 쉽게 사그라들 성질의 것이 아니었습니다. 2차 세계 대전 중 비시 정부가 유대인들을 체포하여 나치에게 넘긴 행위는 프랑스 사회에서 반유대주의가 언제라도 반복될 수 있다는 것을 보여 준 사례입니다.

최근에는 무슬림들에 의한 반유대주의적 행위도 무시할 수 없는 상황입니다. 중동에서 이스라엘이 팔레스타인을 공격할 때마

문화

다 일부 무슬림들은 프랑스 거주 유대인에게 폭력을 행사합니다. 2015년만 해도 약 7,900명의 유대인이 안전을 위해 이스라엘로 떠났습니다. 유대인에 대한 차별을 금지하는 법이 제정되어 있지만, 프랑스 한쪽에서는 여전히 "더러운 유대인Sale Juif!"이라는 경멸적 표현을 들을 수 있는 것이 현실입니다.

이민자들의 종교
이슬람

이슬람은 프랑스의 2대 종교입니다. 인구 조사를 할 때 종교를 묻는 것이 법으로 금지되어 있기 때문에 정확한 신자의 숫자를 파악하는 것은 어렵지만 대략 500만 명 정도의 프랑스인이 이슬람을 믿는 것으로 추산하고 있습니다. 신자의 상당수는 마그레브 국가, 즉 알제리, 모로코, 튀니지와 같은 북아프리카 출신입니다. 그 가운데에서도 가장 높은 비율을 차지하는 것은 알제리인입니다. 미국의 마셜 플랜으로 유럽의 경제가 급격하게 발전하게 되는 '영광의 30년' 동안 알제리인을 비롯한 북아프리카인의 이주는 엄청나게 늘었고, 그 결과 이슬람은 가톨릭 다음가는 종교가 되었습니다.

무슬림 이민자들이 가정을 이루고 2세, 3세가 태어남에 따라 프랑스 사회 풍경도 변하게 되었습니다. 이슬람 예배당인 모스크가 늘어나고, 프랑스 주류 사회의 차별에 반대하는 일이 많아진 것입니다. 이슬람은 프랑스 내에서 점차 부정적 이미지로 비치고 있습니다. 특히 2015년 두 차례의 테러 사건은 이슬람을 더욱 위험한 존재로 보게 만들었습니다. 오늘날 프랑스의 정당은 반이슬람 구호만 외쳐도 상당한 표를 모을 수 있습니다. 프랑스에서 종교는 평화의 메시지가 아니라 갈등의 표상이 되어 가고 있습니다.

다종교 사회의 원칙

프랑스에는 다양한 종교가 있습니다. 이들 종교는 유대교 대 이슬람, 가톨릭 대 유대교, 가톨릭 대 프로테스탄트처럼 역사 속에서 혹은 오늘날까지 갈등 관계를 이루고 있기도 합니다. 하지만 국가가 매번 종교 사이를 화해시키거나 분열시킬 수는 없겠지요. 그런 점에서 프랑스는 나름의 지혜로 라이시테 원칙을 고수하고 있다고 할 수 있습니다.

사르코지 대통령 시절, 이슬람 신자에 비해 턱없이 부족한 모스크 건설을 위해 국가 재정 지원을 검토한 적이 있습니다. 하지만 정교분리 원칙에 위배된다는 이유로 구상으로만 끝났습니다. 정교분리 원칙이 깨지는 순간 판도라의 상자가 열릴 것이라는 우려가 있었기 때문입니다.

다종교 사회에서 국가는 특정 종교에 우대 정책을 취하기보다는 엄격한 중립을 지키는 것도 좋은 방법입니다. 일본 정치인들의 신사 참배, 일부 한국 정치 지도자의 특정 종교 편향 발언 등을 생각해 보면, 라이시테 원칙을 고수하는 프랑스의 태도가 그리 지나쳐 보이지는 않습니다.

박물관

루브르부터 이민사 박물관까지

여느 나라와 마찬가지로 프랑스의 박물관이나 미술
관, 도서관 등의 설립은 대체로 대통령의 업적 과시와 연관되어
있습니다. 조르주 퐁피두 대통령은 퐁피두 센터를, 발레리 지스
카르 데스탱 대통령은 오르세 미술관을 남긴 식이지요. 14년 동
안 대통령직에 머물렀던 프랑수아 미테랑 하에서는 '대역사Grands
Travaux'라는 이름으로 파리의 문화 시설이 대폭 늘어났습니다. 루
브르 박물관이 새롭게 단장하고, 국립 도서관과 바스티유 오페라
극장이 개관한 것이 모두 이 시기입니다. 자크 시라크 대통령 하
에서는 케브랑리 박물관과 유대교 역사 미술 박물관이 문을 열었

습니다.

물론 모든 대통령이 원하는 박물관을 남긴 것은 아닙니다. 니콜라 사르코지 대통령은 국립 역사 박물관의 건립을 추진했지만 뜻을 이루지 못했거든요. 정치권력이 특정한 역사관을 반영한 박물관을 만드는 것을 우려한 역사학자들과 시민들의 반대가 있었기 때문입니다. 그 대신에 사르코지의 정책과는 반대되는 성격의 국립 이민사 박물관이 그의 임기 때 문을 열지요. 그럼 센강을 따라 파리의 박물관 구경을 떠나 봅시다.

루브르
시작은 파리의 요새

파리의 관광객이라면 누구나 루브르를 찾습니다. 대규모 소장품을 자랑하는 지금의 루브르를 보면, 박물관이 아닌 이곳의 모습을 상상하기 어렵습니다. 하지만 루브르가 처음부터 박물관으로 지어졌던 것은 아닙니다.

루브르는 12세기 말 필리프 2세가 십자군 전쟁을 떠나면서 신하들에게 센강 근처에 견고한 성채를 만들 것을 명령한 데서 그 기원을 찾을 수 있습니다. 파리를 보호하는 요새였던 루브르는 14세기 후반 샤를 5세에 의해 왕실 거주지로 개조됩니다. 하지만 당시 루브르궁은 임시 거처에 불과했습니다. 중세의 왕들은 대체로 한 곳에 머무르지 않고, 사냥을 하거나 영지를 방문하는 등 여러 곳을 떠도는 생활을 했기 때문입니다.

　루브르를 새롭게 바꿔 놓은 왕은 프랑수아 1세입니다. 프랑수아 1세는 낡은 건물을 부수고 그 터에 루브르궁을 새로 지었습니다. 이탈리아 원정에서 큰 성공을 거두었던 그는 르네상스 문화에 감명을 받아 고대 그리스와 로마의 조각 등 여러 예술 작품을 프랑스로 가져온 인물입니다. 앞서 프랑스 역사를 다루며 언급했듯 루브르를 대표하는 「모나리자」 역시 프랑수아 1세가 레오나르도 다빈치에게서 얻은 것입니다.

　프랑수아 1세의 뒤를 이은 앙리 2세, 앙리 4세 등은 종교 개혁시기 많은 어려움을 겪었기에 왕권의 정통성 확립을 위해 루브르를 확대 개축했고, 그곳에서 왕의 업무를 처리했습니다. 특히 앙리 4세는 루브르궁과 이웃한 튈르리궁을 연결해 단일 궁전으로 통합하려는 야심을 품기도 했습니다. 튈르리궁은 불에 타 없어진 탓에 오늘날에는 센강 근처의 공원이 되어 있지만, 프랑스식 정원으로 유명한 곳이었지요.

　하지만 태양왕 루이 14세가 베르사유로 수도를 옮기면서 루브르궁에도 변화가 찾아옵니다. 루이 14세가 거금을 들여 구입한 미술 작품을 루브르에 보관하기 시작하면서 루브르는 궁전보다는 문화 공간으로 기능하게 되었습니다.

왕을 위한 궁에서
시민을 위한 박물관으로

　　　　루브르궁이 박물관이라는 이름에 걸맞은 장소가 된 계기는 프랑스 혁명입니다. 혁명 세력은 1792년 8월 10일의 튈르리궁 습격 사건을 기념하기 위해 1793년 루브르 박물관의 문을 엽니다. 혁명 세력은 루브르가 혁명 정신과 시민 의식을 고취하는 학교의 역할을 해 줄 것이라 생각했습니다. 체제의 상징인 바스티유는 무너뜨렸으면서 왕권의 상징인 루브르는 파괴하지 않았다는 점이 의아합니다만, 프랑스 혁명기 루브르는 문화 정책의 일환으로 박물관의 역할을 맡게 되었습니다.

　1794년에는 루브르에 국립 미술 박물관이라는 이름이 붙여졌습니다. 왕실 소장품을 비롯해 몰락한 귀족들에게서 거둔 예술품이 전시되었습니다. 이후 나폴레옹이 전쟁을 통해 강탈한 수많은 미술품이 차곡차곡 쌓였습니다. 제3공화국에 들어서서는 기증 등으로 소장품이 늘어나며 시대 및 작품 유형별로 전시관이 세분화되었습니다. 오늘날 세계 최고 수준의 박물관학 전문 교육 기관으로 평가받는 '루브르 학교'도 설립되었습니다.

　루브르는 미테랑 정부 아래에서 또 한 번의 도약을 합니다. 1981년 미테랑은 그동안 재무부가 사용하던 루브르의 일부 공간까지 박물관으로 바꾸어 루브르 전체를 박물관으로 사용하는 '그랑 루브르' 계획을 발표했습니다. 프랑스 혁명 200주년이었던

루브르 박물관은 영국의 대영 박물관, 바티칸시티의 바티칸 박물관과 함께 세계 3대 박물관으로 꼽힌다.

1989년 7월 14일에 개장한 새로운 루브르 박물관은 입구의 대형 유리 피라미드를 공개해 현대와 전통의 절묘한 조화미를 보여 주었습니다.

버려진 기차역의 변신

오르세 미술관은 센강을 사이에 두고 루브르와 마주 보고 있습니다. 파리 7구에 위치한 이 미술관은 인상파 회화 작품을 모아 놓은 곳으로 유명합니다. 미술관 입구에는 오르세 미술관이 과거 기차역이었음을 알려 주는 커다란 시계가 눈에 띕니다.

1900년 만국 박람회를 위해 지어진 오르세역은 20세기 초반까

문화

지 기차역과 호텔로 사용되었습니다. 그러나 기차 운행 시스템이 변하면서 1939년 이후 오르세 역에는 장거리용 기차가 다닐 수 없게 되었습니다. 이용객이 감소하면서 기차 운행은 중단되었고, 역은 폐쇄됩니다.

1970년대 초반 지스카르 데스탱 정부는 공간 부족으로 어려움을 겪던 루브르를 위해 오르세 기차역을 미술관으로 개조하기로 결정합니다. 몇 년 동안 이어진 공사 끝에 1986년 미테랑 정부에 와서 오르세 미술관이 개관합니다. 오르세 미술관은 약 440점의 인상파 회화 작품뿐만 아니라 1848년부터 1914년, 즉 2월 혁명부터 1차 세계 대전이 발발하기 이전까지의 회화, 조각, 공예품, 그래픽 예술, 건축, 사진, 영화 등 19세기의 다양한 예술 작품을 보유하고 있습니다.

제국주의의 유산

파리 7구의 센강 주변에 자리한 케브랑리 박물관은 프랑스의 국립 인류사 박물관 가운데 하나입니다. 이 박물관은 주로 아프리카·아시아·아메리카·오세아니아 지역의 초기 문명에 관련된 유물을 전시합니다. 다시 말해 '비유럽' 세계의 문화 유적만을 전시합니다.

케브랑리는 시라크 대통령이 취임한 1995년 공사를 시작해 임기 마지막 해인 2006년 6월에 개관했습니다. 시라크는 파리 시장

케브랑리 박물관에 전시된 아프리카 콩고의 유적들.(위)
케브랑리 박물관에 전시된 중동 지역 여성들의 전통 의상.(아래)

으로 재임할 때부터 인류사 박물관의 건축을 구상했습니다. 사실 앙드레 말로André Malraux, 앙드레 브르통André Breton, 클로드 레비스트로스Claude Levi Strauss와 같은 프랑스의 명망 있는 인류학자와 예술가 등이 비유럽 세계의 문화 유적을 위한 박물관 건립을 주장한 것은 꽤 오래된 일이었습니다. 프랑스의 탐험가, 선교사, 인류학자들이 전 세계에서 수집한 수많은 예술품이 박물관 설립을 기다리고 있었으니까요.

'국립 아프리카 오세아니아 예술 박물관'과 인류사 박물관에 나뉘어 있던 문화 유적들이 합쳐지고, 새로 구입한 물품까지 더해지면서 케브랑리는 대략 45만 점의 유물을 소장한 박물관이 되었습니다. '문화의 다양성'을 표방한 케브랑리를 호의적으로 보는 시각이 많지만 식민지 시대에 수집한 유물들을 모아 박물관을 열었다는 점에서 비판의 목소리도 적지 않습니다. 어두운 조명 아래에서 전시물들을 바라보자면, 유물의 의미나 아름다움과는 별개로 프랑스가 제국주의 국가였다는 사실이 생각나는 것은 어쩔 수 없는 것 같습니다.

그들의 역사는
우리의 역사이다

마지막으로 소개할 곳은 국립 이주사 박물관입니다. 파리 남동부 뱅센 숲 근처에 위치한 포르트도레궁에 자리 잡은 이 박물관은 이주의 역사에 바쳐진 프랑스 최초이자 유럽 최초의 국립 박물관입니다.

자크 시라크 대통령 당시 건립을 추진해 2007년 니콜라 사르코지 대통령 때 개관했습니다. 시라크 정부의 문화부 장관이었던 자크 투봉 Jacques Toubon이 박물관의 설립을 주도하고, 초대 관장을 맡았습니다. 하지만 박물관의 성격은 분명 사르코지의 정책과는 맞지 않았습니다. 이민 문제에 상대적으로 엄격한 조치를 취한 사르코지와 달리 이 박물관이 내건 표어는 "그들의 역사는 우리의 역사다."니까요. 그래서인지 사르코지 대통령은 국립 이주사 박물관의 개관식조차 참석하지 않았습니다.

"프랑스의 정체성과 문명 형성의 역사는 프랑스에 정착하고 프랑스인이 되기 위해 모국을 떠났던 수백만의 남성과 여성의 역사이기도 하다."라는 자크 투봉의 선언이 이주사 박물관의 설립 의의를 드러냅니다. 조부모대까지만 거슬러 올라가도 프랑스인 4명 가운데 1명이 이주민 출신이라는 점에서 알 수 있듯이 오늘날의 프랑스는 이주 문제와 떼려야 뗄 수가 없습니다.

지금까지 프랑스의 주요 박물관이 어떻게 설립되었는지 살펴보았습니다. 프랑스의 역대 통치자들은 문화적 기념물을 자신의 재임 시기에 개관하는 것에 커다란 자부심을 가졌습니다. 어쩌면 문화의 나라 프랑스에서는 문화 대통령으로 알려지는 것이 가장 큰 자랑일 수도 있겠습니다.

문화

음식

오감을 충족하는 활동

1980년대 후반, 프랑스 유학을 준비하던 저는 한 프랑스 신부님을 소개받았습니다. 당시만 해도 대학생 해외 연수가 시작된 지 몇 년 지나지 않았고, 일반인들의 해외여행도 흔하지 않았습니다. 요즘처럼 인터넷이 있던 시절도 아니었기 때문에 프랑스에 대해 생생한 이야기를 들을 방법이 별로 없었습니다. 프랑스에 관한 여러 가지를 물어보기 위해 신부님과 함께 식사를 하며 이야기를 나눴습니다.

그런데 이 식사가 프랑스 문화에 대한 강렬한 첫인상이 되었습니다. 신부님이 특별히 말해 주지 않았음에도 놀라운 경험을 할 수 있었으니까요. 당시 저는 신부님과 조랭이떡이 들어간 만둣국을 거의 3시간에 걸쳐서 먹었습니다. 프랑스인들이 식사할 때 대화를 하며 천천히 먹는다는 이야기를 들어본 적은 있었지만, 만둣국을 3시간 동안 먹다니요!

프랑스인은 음식에 평생을 바친다

프랑스 음식 문화의 가장 큰 특징은 아마도 '느리게 먹기'와 '대화하면서 먹기'일 것입니다. 그러고 보니 유학 시절 프랑스인 친구와 함께 여행을 했던 기억이 납니다. 벨기에의 어느 도시에서 점심으로 감자튀김을 사서 돌계단에 앉아 먹었는데, 그 친구가 지금 자기 모습을 보면 아버지가 깜짝 놀랄 것이라고 말했습니다. 자신의 아버지는 이렇게 길에서 아무렇게나 음식을 먹고 배를 채우는 것을 '야만인들이나 하는 짓'이라고 말한다는 것이었습니다.

프랑스인에게 음식을 준비하고 먹는 것은 단순히 배고픔을 채우는 것이 아닙니다. 마치 하나의 예술 작품을 만드는 것, 한 편의 연극을 연출하는 것과 비슷합니다. 음식을 먹는 것은 미각을 통해 몸과 마음을 새롭게 충전할 뿐 아니라 대화를 나누며 긴장을 풀고, 가족이나 친구들과 유대감을 만드는 과정이니까요. 프랑스인에게 식사란 오감을 충족하는 활동입니다.

문화

파리의 유명 레스토랑에 줄을 선 사람들의 모습.

그래서 프랑스의 거의 모든 식당에서는 저녁 시간 내내 한 테이블당 손님을 한 팀만 받습니다. 식당이 문을 여는 저녁 7시경에 들어가서 식사를 하고 계속 대화를 하며 문을 닫는 시간까지 있어도 전혀 눈치를 주지 않지요. 또한 점심시간에 맛있는 식당 앞에 길게 줄을 서서 여유롭게 수다를 떠는 모습도 낯설지 않은 풍경입니다. 줄이 아무리 길어도 그 안에 있는 손님이나 식당 주인 그 어느 누구도 서두르는 기색이 없습니다. 프랑스인들에게 음식을 먹는 것은 하루 일과 중 가장 중요한 일이고, 인생에서 매우 의미 있는 일이기도 하니까요. 그래서 이탈리아인은 옷에, 독

292

일인은 집에, 프랑스인은 음식에 평생을 바친다는 우스갯소리가 있는지도 모르겠습니다.

단조롭고 투박한
중세의 식탁

중세 유럽에서는 기독교의 영향으로 육식을 금지한 날이 1년의 절반 이상이었습니다. 따라서 일상적인 중세의 식탁은 매우 단조로웠습니다. 종교적인 이유 외에도, 일상 식탁에 고기가 늘 오르기는 어려웠습니다. 이는 경제 발전이 더뎌서인 탓도 있었을 것입니다. 프랑스도 예외는 아니었지요. 물론 귀족들이 종교 축제, 결혼, 십자군 출정 기념일 등을 기리며 크게 잔치를 베푸는 경우도 종종 있었습니다. 하지만 식탁 위에 돼지고기나 사냥으로 잡은 동물들이 통째로 구워져서 올라가는 일은 특별한 날에 해당하는 것일 뿐, 신분의 높고 낮음과 상관없이 기본 음식은 빵과 수프, 포도주 정도였습니다.

식탁 예절이라고 할 만한 것이 등장한 것도 근대 이후의 일입니다. 서양의 정식 테이블을 보면 접시 양 옆으로 크고 작은 포크, 나이프, 스푼 등이 정돈되어 있어서 처음 서양 요리를 접하는 사람을 당황시키지요. 하지만 14세기까지도 프랑스인들은 접시나 포크를 사용하지 않았습니다.

식탁 위에 통째로 구워 올린 고깃덩어리를 각자 도려내서 먹을 수 있도록 개인 소장의 칼을 가지고 다니기는 했지만, 음식은 손가락을 사용해서 먹었습니다. 뜨거운 음식을 먹을 때에는 손가락에 골무 비슷한 것을 씌워서 먹었다고 합니다. 접시도 없었습니다. 그 대신 둥글고 두껍게 도마처럼 썰어 놓은 큰 빵 조각 위에 음식을 올려놓고 먹었지요. 국물이 있는 음식은 둥근 사발을 이용해 먹었는데, 두 사람이 한 개의 사발을 사용하기도 했습니다. 냅킨이 아니라 테이블보를 사용해 손이나 입가에 묻은 것을 닦아냈습니다. 이 시절만 해도 오늘날 우리가 생각하는 것처럼 프랑스를 식도락의 나라, 미식의 나라, 고급 요리의 나라로 보기는 어려웠습니다.

음식 문화의
르네상스

하지만 근대 르네상스 이후 프랑스 음식 문화에 변화가 시작됩니다. 그 중심에는 카트린 드메디시스가 있었습니다. 이탈리아 피렌체의 메디치 가문 출신의 이 여인은 앙리 2세와 결혼하면서 프랑스로 건너옵니다. 카트린은 고급 식기, 세련되고 우아한 식탁보뿐 아니라 다양하고 진귀한 음식 재료, 요리사와 함께 프랑스에 왔지요. 조리용이 아닌 식기로서의 포크도 카트린을 통해 처음 프랑스에 전해졌습니다. 정작 그녀는 포크보다는 손으로 먹는 것을 선호했고, 그녀의 아들인 앙리 3세 시기가 돼서야 식사할 때 포크가 사용되었지만 말입니다.

 포크 사용이 일반화된 것은 거의 18세기가 되어서의 일입니다. 근대 이후부터 옷이 점점 더 세련되고 사치스러워지면서 음식이 옷에 묻어 얼룩이 생기는 것을 신경 쓰게 되었고, 포크를 사용하는 사람이 늘어난 것이지요.

 이탈리아 요리를 모방하는 데서 시작한 프랑스의 음식 문화가 절정에 이르게 되는 것은 절대 왕정 시기입니다. 암살에 대한 두려움이 왕의 식사를 만드는 요리사의 역할을 매우 중요하게 만들었고, 그 덕분에 궁정 요리사는 그야말로 왕의 최측근으로 성장할 수 있었습니다.

 왕의 식탁은 귀족들의 식탁과 차별화되어야 했습니다. 따라서 왕의 요리사는 즉석에서 최고의 예술 작품을 만들어 내는 예술가와 마찬가지였습니다. 왕은 음식 문화를 정치 무대에 연결시킨 일종의 총괄 기획자이자 감독이었습니다. 최상의 요리와 식탁 예절을 통해 자신을 돋보이게 하고 또 다른 한편으로는 귀족들을 길들이고자 했지요.

루이 14세의
미식 쇼

 루이 14세는 베르사유궁의 궁정 질서와 식탁 예절을 만들어 낸 것으로 알려져 있습니다. 엄청난 대식가이기도 했

루이 16세 당시의 화려한 왕의 식탁을 재현한 모습. 영화 「마리 앙투아네트」의 한 장면.

던 그는 귀족들과 모든 시종들이 지켜보는 가운데 마치 엄숙한 의식을 치르듯이 혼자 식사하며 특별한 카리스마를 연출했다고 합니다.

그는 다른 사람이 식사하는 모습을 지켜보는 것도 즐겼습니다. 궁정 식사에 초대된 귀족과 신하들은 아무리 배가 불러도 계속 먹어야 했다고 합니다. 수십 가지 요리를 식탁 위에 올려놓고 배불리 먹은 뒤에 먹은 것을 토해 내고 또 다시 먹는 것을 반복하는 연회가 계속되었습니다. 이때부터 메인 요리의 짠맛과 구분되는 단맛 음식이 등장했습니다. 이는 프랑스 요리의 정점이라고 할 정도로 유명한 디저트 요리의 발전에 기여했습니다.

오늘날 텔레비전 예능 프로그램 출연자들에게 방송 분량을 확보하고 인터넷 검색 순위에 오르는 일이 중요하듯, 이 시기에도 특유의 화술과 재치로 식사 시간 내내 주목을 끄는 능력이 필요했습니다. 궁에서의 의상, 화법, 태도 등이 점점 과도해지면서 귀족들 사이에는 과장된 예절과 가식적인 화술이 유행했습니다.

왕실 만찬은 루이 14세 이후에도 규모나 분위기가 조금씩 변했을 뿐 그 기본 성격은 유지되었습니다. 루이 15세는 사적인 공간에서 소규모 인사들과 화기애애하고 자유롭게 식사하는 것을 선호했습니다. 루이 16세와 왕비 마리 앙투아네트는 영향력 있는 사람들을 초대하여 왕실의 권력을 과시하는 연회를 즐겼습니다.

베르사유 궁정의 전통은 이후 프랑스 미식 문화에 큰 영향을 미칩니다. 왕의 식탁을 서빙하던 엄격한 예법은 최고급 레스토랑의 규범이 되었지요. 재치와 수다로 점철되는 프랑스의 식사 예절은 전 유럽에 널리 퍼졌으며, 프랑스 요리의 명성 또한 세기를 넘어서 널리 알려졌습니다. 베르사유에서 시작된 전통은 오늘날 프랑스인들이 3~4시간 동안 대화하며 식사하는 문화의 기반이라고 볼 수 있습니다.

왕이 사랑한 맛집
대중이 사랑한 카페

그렇다면 궁 밖에는 어떤 음식이 있었을까요? 파리

의 센강 주변에 위치한 뚜르 다르장Tour d'argent은 1582년에 문을 열었습니다. 이 레스토랑은 닭 요리와 자두 넣은 거위 요리 등으로 유명했습니다. 이곳 요리를 맛보기 위해 루이 14세가 베르사유궁에서부터 파리까지 일부러 행차했다는 이야기가 있는 전설적인 레스토랑입니다. 앙리 4세와 리슐리외 추기경도 이곳을 즐겨 찾았습니다. 뚜르 다르장은 왕실과 귀족들의 전유물처럼 보였기 때문인지 프랑스 혁명 당시 약탈을 당하며 잠시 폐쇄되는 수난을 겪기도 했습니다. 하지만 이후 다시 문을 열었고, 지금까지도 유명한 인사들이 드나드는 파리의 명소 중 하나로 남아 있습니다.

한편, 1686년 최초의 근대적 카페라고 알려진 르 프로코프Le Procope가 파리에 문을 열었습니다. 카페라는 이 특별한 공간은 유행이 되어 프랑스 혁명 무렵에는 수백 개가 성업하게 됩니다. 카페 안에서는 신분 차별이 거의 없었습니다. 옷을 잘 차려입고, 돈을 지불할 능력이 있으며, 격식에 맞는 행동을 할 수 있는 사람이라면 누구나 카페에서 시간을 보낼 수 있었습니다. 물론 여성도 예외는 아니었습니다. 귀족, 문인, 예술가, 배우, 부르주아, 상인 등 다양한 사람들이 카페에 모여 대화를 나눴습니다.

궁정을 넘어
대중에게

　　프랑스 요리가 궁정을 넘어 대중에게 다가가고, 나아가 국제적인 명성을 확보하게 되는 데는 프랑스 혁명이 한몫했습니다. 혁명으로 인해 왕정이 몰락하고 귀족들이 망명을 가거나 파산에 이르면서 졸지에 실업자 신세로 전락한 요리사들이 레스토랑을 개업하게 되었기 때문이지요. 그동안 귀족들의 기세에 눌려 있던 부르주아들은 혁명 이후 물 만난 고기처럼 돈과 권위를 과시하며 귀족들의 상차림과 음식 문화에 관심을 보였습니다.

　19세기 부르주아들에 의해 본격적인 식도락과 레스토랑 문화가 만들어집니다. 엄청나게 많은 요리를 식탁 위에 올리는 것을 의미하는 '프랑스식 상차림service à la française'이라는 말이 19세기 말까지 유럽에 유행했던 것도 이와 무관하지 않습니다. 왕의 요리에서 시작해 귀족의 요리로, 그리고 19세기에는 부르주아 요리로 이어지면서 변화와 발전을 거듭한 끝에 프랑스 음식 문화는 오늘날과 같은 명성을 얻게 되었습니다.

　하지만 프랑스의 음식 문화도 세계화의 영향을 피할 수는 없나 봅니다. 현대인의 일상이 워낙 바빠진 만큼 햄버거나 샌드위치 같은 패스트푸드 가게에 줄을 서는 프랑스인들의 모습이 이제는 전혀 낯설지 않습니다. 식당에서도 전식, 본식, 후식을 모두 먹는 게 아니라 전식과 본식 혹은 본식과 후식의 구성을 선택할 수 있다는 메뉴판을 자주 보게 됩니다. 실업자가 많아지고 경제가 어려워지면서 생겨나는 현상일 것입니다. 텔레비전 뉴스에서 어느 프랑스 노동자가 파업을 하며 "우리도 전식, 본식, 후식을 모두 갖춘 제대로 된 식사를 원하니 임금을 올려 달라."라고 외치던 모습이 떠오릅니다.

다름에 대한
존중

유학 시절 파리의 한국 식당에서 있었던 일입니다. 한 테이블에서 프랑스인 2명이 대화를 나누며 천천히 식사를 하고 있었습니다. 손님이 많아지기 시작하자, 주인이 갑자기 혼잣말로 속삭이듯 "쟤네들은 빨리 먹고 안 가나?"라고 말했습니다. 그 이야기를 들은 저는 무의식적으로 그 프랑스인들을 쳐다보게 되었습니다. 두 사람은 조금 전과는 다른 분위기로 서둘러 식사를 마치고 식당을 떠나는 것 같더군요. 한국말을 알아들었던 것인지 눈치를 챈 것인지는 알 수 없었지만, 두고두고 생각날 만큼 부끄러운 장면이었습니다.

단지 다른 나라의 음식 문화를 이해해야 한다는 것을 강조하려는 것이 아닙니다. 모든 나라의 문화에는 그 나름의 특수성이 있겠지만, 다른 한편으로는 기본적 예의라는 보편성도 존재한다는 것을 기억해야 합니다.

● 우리나라의 최대 명절이 설과 추석이라면, 프랑스에서 가장 성대하게
치러지는 기념일이나 명절은 무엇인가요?

프랑스의 가장 큰 기념일은 아무래도 7월 14일 프랑스 혁명 기념일일
것입니다. 앞서도 이야기했지만 프랑스 혁명만큼 프랑스가 전 세계에 영
향을 끼친 사건은 없을 것입니다. 이 날을 기념하기 위해 프랑스는 샹젤
리제 거리에서 성대한 군사 퍼레이드를 펼칩니다. 개선문에서 출발한 퍼
레이드는 대통령을 비롯한 참석자들이 모여 있는 콩코르드 광장까지 이
어집니다. 퍼레이드에는 프랑스 육군 해군 공군뿐 아니라 외인부대, 사관
후보생 및 에콜 폴리테크니크 학생들도 참여합니다. 2017년 퍼레이드에
는 마크롱 대통령 부부와 미국의 도널드 트럼프^{Donald Trump} 대통령 부부
가 자리를 함께 했습니다.

이날은 하루 종일 축제 분위기여서 루브르 박물관을 비롯한 많은 곳에
무료입장이 가능합니다. 밤에는 에펠탑 앞에서의 공연과 화려한 불꽃놀
이가 볼 만합니다. 프랑스 혁명 100주년을 기념하여 1889년 에펠탑이 만
들어졌으니 혁명 기념일 최고의 쇼가 이곳에서 벌어지는 것도 나름 의미
가 있다고 볼 수 있겠네요.

프랑스인들에게 설이나 추석과 같은 명절이라 하면 단연 크리스마스를

들 수 있습니다. 부활절, 성모 승천 기념일 등 교회의 다양한 축일이 있지만, 연말이 낀 크리스마스에는 타지로 나간 많은 사람이 가족의 품으로 돌아가 식사를 함께하는 오랜 전통이 있습니다. 우리도 설날이나 추석에는 어떤 고생을 해서라도 고향 집에 돌아가려고 하지 않습니까? 크리스마스 무렵의 프랑스는 축제 분위기에 휩싸입니다. 연말을 맞아 백화점을 비롯한 대부분의 상점에서 세일 행사를 하고, 샹젤리제 거리는 화려한 불빛으로 물들지요. 크리스마스는 프랑스 혁명 기념일과 더불어 프랑스 최고의 축제입니다.

아이러니 한 것은 크리스마스가 교회의 커다란 축제에서 비롯되었다면, 프랑스 혁명 기념일은 특권 계급이었던 교회 세력을 무너뜨리고 심지어 비기독교화를 추구했던 사건과 관련된다는 것입니다. 혁명을 기념하는 날과 예수님의 탄생을 기념하는 날이 프랑스의 가장 큰 두 축제라는 것이 한편으로는 흥미롭습니다.

?

● 프랑스 사람들은 정말 매일 바게트를 먹나요?

길쭉한 바게트를 들고 가는 프랑스인들의 모습을 보면 정말 프랑스인들은 모두 저 빵만 먹는지 궁금해집니다. 사실 프랑스어로 바게트[baguette]는 길쭉한 나무 막대기라는 의미로 우리가 사용하는 젓가락, 지휘봉도 바게트라고 불립니다. 하지만 프랑스에서 일반적으로 바게트라고 하면 빵 '바게트'를 의미합니다.

프랑스인들은 언제부터 바게트를 먹기 시작했을까요? 흔히들 나폴레옹이 병사들이 행군하면서 뒷주머니에 넣고 쉽게 꺼내 먹을 수 있도록 길쭉한 모양의 빵을 생각해 냈다고도 하고, 1차 세계 대전 이후 제빵 업자들의 야간작업 시간을 줄여 주기 위해 둥근 빵보다는 굽는 시간이 상대적으로 짧은 길쭉한 모양의 빵을 만들기 시작했다는 이야기도 있습니다. 또 다른 흥미로운 설은, 코넬 대학교의 빵 전문 역사학자인 스티븐 카플란[Steven L. Kaplan]교수가 주장하는 것인데, 프랑스 혁명 당시 귀족과 평민 모두가 '평등한 빵'을 먹게 하기 위해 혁명 시기에 처음 만들기 시작한 것이 바로 바게트라는 것입니다. 그 기원이 어떠하든, 오늘날 프랑스인들이 가장 즐겨 먹는 빵 가운데 하나가 바게트인 것은 틀림없습니다.

하지만 프랑스 내 빵 소비량이 점차 줄면서 바게트 소비량도 지속적으로 줄고 있는 것이 현실입니다. 20세기 초반 성인 1명당 하루 평균 세 개 반 정도 바게트를 소비했다면, 1970년대에는 한 개, 그리고 최근에는 반

개 정도로 줄었다고 합니다. 아침 식사로 시리얼을 먹거나 아니면 크루아상과 같은 다른 종류의 빵을 먹는 사람이 늘어났기 때문입니다.

마지막으로 이야기하고 싶은 것은, 빵 가게를 잘 만나는 것도 커다란 행운이라는 것입니다. 저는 프랑스 유학 시절 7년 동안 한 아파트에 살았는데, 집 근처 빵 가게의 빵이 너무 맛있었습니다. 그래서 프랑스의 빵은 다 이렇게 맛있는 줄 알았습니다. 하지만 유학 생활을 마치고 안식년을 맞아 파리를 다시 방문했을 때는 다른 동네에 집을 얻게 되었습니다. 그런데 그 동네 빵 가게의 빵은 상대적으로 너무 맛이 없어 예전 빵집이 정말 그리웠습니다. 아침 식사로 늘 빵을 먹었기에, 이사 가고 싶은 마음이 들 정도였답니다. 프랑스에서 집을 구하려면 앞으로는 집 근처 빵 가게에 가서 빵 맛을 먼저 보아야겠다는 생각까지 하게 되었습니다.

생각보다

*06 »

가까운
친구

해방 이전
종교를 통한 첫 만남

한국과 프랑스는 생각보다 오래전부터 다양한 형태로 교류해 왔습니다. 조선에 최초로 가톨릭을 전해 준 것이 프랑스 신부들이었고, 강화도에 침입해 의궤를 강탈한 것도 프랑스군이었습니다. 반대로 비슷한 시기에 프랑스를 방문한 한국인들도 있었습니다. 한국과 프랑스, 두 나라의 첫 만남은 어떤 모습이었을까요?

학문에서 종교로

아무래도 현재 우리나라에 프랑스가 가장 큰 영향

을 미친 것은 천주교를 전해준 일이 아닌가 생각합니다. 17세기 이래 조선은 청나라로부터 새로운 문화를 받아들입니다. 이 과정에서 서학西學에 관한 책들도 들어왔습니다. 특히 천주교 계통의 서적들이 관심을 받았는데, 조선 후기에 서학이라 하면 자연스레 천주교 서적을 뜻할 정도였습니다. 18세기 조선에서는 실학자뿐 아니라 많은 사대부가 자생적으로 서학을 공부했습니다. 학문의 일환으로 시작된 서학은 결국 천주교 신앙으로 이어지게 되었습니다.

천주교는 신분의 차이를 부정했기 때문에 양반이 아닌 일반 백성들의 마음을 사로잡는 힘이 있었습니다. 차츰 한자를 모르는 백성을 위한 한글 번역서도 나타나기 시작했습니다. 한글로 된 서학서는 초기 천주교 전파에 있어 가장 중요한 도구였습니다. 실제 조선 교구의 주교였던 프랑스인 베르뇌Siméon-François Berneux는 지도층 신도들에게 "언문을 가르치면 도리를 밝히기에 긴요할 것이요, 영육에 큰 이익이 있을 것이니 이를 위하여 간절히 권하노라."라며 문자 교육의 필요성을 강조했다고 합니다.

박해와 전투
불편했던 첫 만남

　　　1831년 조선에 '천주교 조선 교구'가 세워졌습니다. 이 교구를 프랑스 파리 외방선교회가 담당하기로 결정되었고, 그때부터 프랑스인 선교사들이 본격적으로 조선에 들어오기 시작했습니다.

당시 조선은 쇄국 정책을 취하며 서양 선교사들을 탄압했습니다. 따라서 선교사들은 숨어 다니며 종교를 전할 수밖에 없었습니다. 1830년대 조선에서는 모방Maubant, 샤스탕Chastan, 앵베르Imbert 등 3명의 프랑스인 선교사가 활동했습니다. 그러다가 결국 헌종 5년인 1839년, 이 3명의 신부는 무단으로 국경을 넘은 죄로 사형에 처해졌습니다. 이것이 우리 역사에서 '기해박해'로 알려져 있는 사건입니다.

이 소식이 전해지자 중국에 주둔하고 있던 프랑스 함대 사령관 세실Jean-Baptiste Cécille이 조선 원정 계획을 세웠습니다. 조선 정부가 프랑스 선교사를 살해한 것에 항의하고, 이를 기회 삼아 통상 협상을 추진하고자 한 것입니다. 헌종 12년인 1846년, 본국의 허락을 얻은 세실은 군함 두 척을 이끌고 조선으로 향했습니다. 그러나 한강의 입구를 발견하지 못하고 계속 내려가다 충청도까지 가게 되었습니다. 항해가 어려웠던 세실은 항의 서한을 전달한 뒤 물러났습니다. 다음 해 프랑스 군함은 다시 조선에 나타났지만 이번에도 새만금 근처 고군산도 쪽으로 오면서 강풍과 암초로 난파했습니다. 이후 프랑스는 다시 조선을 원정하려 하였으나 때마침 본국에 혁명(1848년 2월 혁명)이 일어나 원정 계획은 무산됩니다.

철종을 거쳐 고종 때에 이르면서 조선에 입국한 프랑스 신부의 수는 12명으로 늘어납니다. 천주교 신도 수도 거의 2만 명에 육박하게 되었습니다. 당시 실권자였던 흥선 대원군은 집권 초기에는 천주교에 관대했으나 자신의 정치적 지위를 안정시키기 위해 천주교를 탄압하기 시작했습니다. 고종 3년인 1866년, 선교사 9명을 포함한 천주교인 8천여 명을 처형하는 병인박해가 일어납니다. 간신히 중국으로 빠져나간 리델Felix Clair Ridel 신부 등 3명의 선교사는 중국에 있던 프랑스 함대 사령관 로즈Pierre Gustave Roze 제독에게 박해 사건을 알렸습니다. 그러자 로즈가 이끄는 프랑스 함대가 조선에 출정하게 되는데, 이 사건이 바로 병인양요입니다.

오랜 갈등의 씨앗이 된
병인양요

병인양요는 서양 제국이 조선을 무력으로 침공한 최초의 사건이었습니다. 로즈 제독은 우선 1866년 9월 인천 앞바다를 거쳐 서울 양화진을 통과, 서강까지 이르러 지리를 파악했습니다. 이후 10월에 군함 일곱 척을 이끌고 본격적인 원정길에 올라 강화도를 포격했습니다.

프랑스군은 한 달간 강화도를 점령하면서 조선 왕실이 피난 시 궁궐로 사용하기 위해 지은 강화행궁을 불태우고 외규장각에 보존되어 있던 군기, 양식, 서적과 보물 등을 모조리 약탈했습니다. 이때 가져간 외규장각 문서들은 오늘날까지 한불 간 외교적 문제가 되고 있습니다.

　홍선 대원군은 한성근과 양헌수가 이끄는 군대를 보내 문수산성과 정족산성에서 프랑스군을 물리쳤습니다. 로즈 함대는 이 패배로 철수를 결정했습니다. 화력 면에서 열세였던 조선군이 근대식 병기로 무장한 프랑스군을 격퇴했다는 사실은 상당히 커다란 의미로 받아들여졌습니다. 프랑스군이 물러가자 세계정세에 어두운 홍선 대원군은 전국에 척화비를 세우는 등 쇄국 정책을 더욱 확고히 했습니다. 또한 천주교 박해에도 박차를 가했습니다.

근대적 조약의
체결

　　　　　병인양요 이후 조선의 정세는 급변했습니다. 1876년 조선은 강화도 조약을 통해 일본에 문호를 개방했습니다. 비록 강요당한 조약이었지만 그 결과 국제 정세에 보조를 맞추지 않을 수 없게 되었습니다.

　1878년 조선 정부는 조선에 다시 입국한 리델 신부를 체포했으나, 중국으로 돌려보내는 데 그쳤습니다. 이제 더 이상 선교사를 처형할 수 없을 만큼 시대가 변해 있었던 것이지요. 중국으로 송환된 리델 신부는 고종에게 서한을 보내 평화적인 종교 활동을 보장해 달라고 요청했습니다. 이렇게 두 나라 사이의 분위기는 서서히 성숙해 갔습니다.

리델 신부는 프랑스 극동 함대 사령관 베롱Véron 제독에게 조선과 조약을 맺을 것을 제안했습니다. 흥선 대원군 실각 이후 조선은 이미 일본과 조약을 맺었기에 유럽 국가와의 조약에도 호의적이었습니다. 조선 정부는 1882년 조미 수호 통상 조약을 필두로 영국과 독일(1882년), 러시아와 이탈리아(1884년) 등과 수교했습니다. 프랑스와는 다른 나라보다 조금 늦은 1886년에 조불 수호 통상 조약을 체결했습니다. 이 조약을 통해 마침내 한반도에서 선교의 자유가 보장되었습니다. 프랑스 신부들은 검은 신부복을 입고 다니며 자유롭게 포교 활동을 하게 되었습니다.

1899년에는 천주교 신앙의 자유를 보장한 이후에 발생하는 분쟁을 원만히 해결한다는 목적으로 '교민조약敎民條約'을 체결합니다. 하지만 프랑스 선교사와 조선의 지방 관리, 천주교 신자와 비신자 사이의 갈등은 계속되었습니다. 특히 1901년 제주도에서는 부패한 지방 관리가 세금을 징수하는 일에 천주교도들을 채용하면서 문제가 커졌습니다. 부패한 관리를 향한 적의와 천주교도를 향한 배타적 감정이 얽히면서 도민들에 의해 수백 명의 천주교인이 학살되는 사건이 일어났습니다. 제주 민란이라고 불리는 이 분쟁은 조선과 프랑스 사이의 외교 마찰을 일으켰습니다. 이에 두 나라는 1904년, 교민조약을 보완하는 차원에서 선교조약宣敎條約을 맺습니다.

천주교를 둘러싼 갈등을 이유로 제물포를 비롯한 한반도 해안에서 프랑스 군함의 무력시위가 자주 일어났습니다. 프랑스는 다른 제국주의 국가와 마찬가지로 조선에 대한 본심을 서서히 드러냈습니다. 프랑스는 1894년 청일 전쟁 후 러시아, 독일과 함께 '삼국 간섭'의 일원이 되면서 경의선 철도 부설권, 광산 채굴권, 차관 공여 등 엄청난 경제적 이권을 챙겨 갔습니다.

프랑스를 방문한 조선인

　　　　　이러한 정세 하에서 조선의 일부 지식인들이 프랑스를 방문한 것은 매우 놀라운 일입니다. 한국인 최초의 프랑스 유학생은 홍종우입니다. 홍종우는 1890년 12월부터 1893년 3월까지 2년이 조금 넘게 파리에 머물렀습니다. 프랑스 현지에서도 한복 차림으로 생활하며, 법률을 공부했다고 합니다. 홍종우는 아시아 예술품 박물관인 기메 박물관의 직원으로 일하면서 프랑스인과 함께 『춘향전』과 『심청전』을 번역하기도 했습니다. 당시만 해도 중국이나 일본의 어떤 문학 작품도 아직 프랑스에 번역되지 않았을 때였으므로 이 번역은 프랑스에 소개된 최초의 동아시아 문학이었습니다. 한국의 문화를 유럽에 알리는 데 홍종우가 커다란 역할을 했다고 볼 수 있겠지요.

　1893년 유학을 마친 홍종우는 귀국 도중 일본에 들릅니다. 홍종우는 갑신정변에 실패하고 일본에 망명해 있던 김옥균, 박영효에 접근했고 상하이로 떠나는 김옥균을 따라가 암살했습니다. 최초의 프랑스 유학생이라는 위상과 달리, 홍종우는 이후에도 수구적인 정권 옹호에 앞장섰습니다.

한편, 최초로 프랑스에 부임했던 외교관은 이범진입니다. 1900년 5월 파리에 도착한 대한 제국 전권 공사 이범진은 프랑스 대통령에게 고종의 신임장을 전달하고 대한 제국 공사관을 세웠습니다. 그는 자신의 아들 이위종을 프랑스 생시르Saint-Cyr 육군 사관 학교에 입교시키기도 했습니다. 이위종은 이준, 이상설과 함께 1905년 헤이그 특사로 나섰던 바로 그 인물입니다. 프랑스어에 능통했던 이위종은 각국 외교관과 기자를 상대로 을사조약의 부당함을 알렸으나 일본의 방해로 뜻을 이루지 못했지요.

대한 제국은 1900년 파리에서 열린 만국 박람회에 한국관을 지어 한국의 문화를 소개하기도 했습니다. 당시 대한 제국이 전시한 악기들은 오늘날까지도 프랑스의 음악 박물관에 보관되어 있습니다. 당시 프랑스 신문 『르 프티 주르날Le Petit Journal』의 보도와 함께 실린 삽화를 보면, 커다란 기와집 모양의 한국관 주위에 한복 차림을 한 한국인들을 볼 수 있습니다.

일제 강점기의 한불 관계

한불 관계는 일제 강점기를 맞이하며 변화를 겪습니

EXPOSITION DE 1900
Pavillon de la Corée

1900년 만국 박람회 속 한국관의 모습을 담은 『르 프티 주르날』의 삽화.

다. 1904년 8월 22일, 일본은 대한 제국에 고용된 프랑스인 모두를 일본인으로 대체했고, 1905년에는 을사조약으로 대한 제국의 외교권을 빼앗습니다. 이로써 한불 간의 공식적인 외교 관계는 해방될 때까지 단절될 수밖에 없었습니다.

일제 강점기 한불 관계에서 빼놓을 수 없는 것은 임시 정부가 있던 상하이가 프랑스의 조계*였다는 점입니다. 상하이는 난징 조약에 따라 중국이 개항해 프랑스에 빌려준 지역으로 프랑스는 상하이에서 행정권과 경찰권을 행사하고 있었습니다. 한인들은 정치적 자유가 보장되어 있는 상하이 프랑스 조계로 모여들었습니다. 당시 이곳에는 2천여 명의 한인이 모여 있었다고 합니다.

이런 이유로 대한민국 임시 정부도 상하이 프랑스 조계 내에 들어서게 되었습니다. 프랑스 총영사관의 묵인 아래 이루어진 독립 활동은 1932년 4월 29일 윤봉길 의사의 홍커우 공원 의거에 이르기까지 10여 년간 활발하게 진행되었습니다. 홍커우 공원 의거는 임시 정부의 존재와 대한민국의 독립 의지를 전 세계에 알리는 계기가 되었습니다. 하지만 이 사건으로 안창호 선생이 검거되는 등 일본 경찰의 압박이 심해졌습니다. 결국 임시 정부는 상하이를 떠나 항저우로 이전할 수밖에 없었습니다.

한편 2차 세계 대전 직후 프랑스는 서구 열강 중에서 유일하게 대한민국 임시 정부를 승인했습니다. 이에 대한민국 임시 정부는 주프랑스 대표를 파견했습니다.

● 개항 도시의 외국인 거주지.

해방 이후

경제와 문화로 확대되는 교류

대한민국 정부는 1948년 파리에서 열린 유엔 총회에 참가해 독립을 승인받았습니다. 한국의 정통성을 인정받는 데는 특히 프랑스 언론 등의 도움이 컸습니다. 한국의 독립 승인이 파리의 유엔 총회에서 이루어졌다는 사실은 양국 관계 발전에 중요한 계기가 되었습니다.

한국 전쟁에서 활약한
프랑스군

그 후 한국과 프랑스의 관계는 프랑스군이 유엔군

의 일원으로 한국 전쟁에 참전하면서 더욱 돈독해졌습니다. 프랑스는 유엔 상임 이사국으로서 미국과 발을 맞춰 유엔군의 한국 파병을 결의했습니다. 자국 내 여론이 찬반으로 갈려 있었음에도 프랑스 정부는 참전을 결정했습니다.

유엔군 산하 프랑스 지상군은 1950년 11월 부산에 상륙해 1953년 7월 휴전될 때까지 최전선에서 싸웠습니다. 특히 프랑스군이 활약한 지평리 전투는 한국 전쟁의 판세를 뒤집은 전투 중 하나로 꼽힙니다. 경기도 양평군에 위치한 지평리는 중부 전선의 요충지로 양쪽 모두에게 중요한 지역이었습니다. 3만여 명의 중공군이 인해 전술로 공격했지만 프랑스군을 포함한 5,600여 명의 유엔군은 견고한 방어 진지를 구축해 지평리를 지켜냅니다. 결국 적군은 5,000여 명의 사상자를 내고 물러났습니다. 프랑스는 한국 전쟁에 약 3,400명의 병력을 파견했습니다. 그 가운데 260여 명이 전사하고 1,000여 명이 부상을 당했습니다. 1955년 만들어진 한국 전쟁 참전 용사회는 프랑스 내의 친한 단체로 지금까지도 한불 유대 관계에 힘쓰고 있습니다.

파리의 관광 명소인 개선문 바닥에는 프랑스를 지키다 숨진 무명용사의 묘가 있습니다. 지금도 매일 오후 6시 30분에 '추모의 불꽃'이 타오르며 이들의 희생을 기립니다. 2004년 5월, 프랑스 정부는 개선문 바닥에 프랑스군의 한국 전쟁 참전을 기념하는 동판을 설치했습니다. 이 동판은 1, 2차 세계 대전, 알제리 전쟁, 인도차이나 전쟁에 이어 다섯 번째입니다.

군사에서
경제, 문화로

　　　　1958년 프랑스에는 드골이 이끄는 제5공화국이 출
범합니다. 그해 10월 한국과 프랑스 양국은 기존의 공사급 외교
관계를 대사급으로 높였습니다. 이후 한국이 프랑스로부터 차관
을 도입하고, 양국이 관세 협정 등을 맺는 등 경제적 교류를 확대
해 나갔습니다. 특히 프랑스는 한국의 경제 5개년 계획에 초기부
터 적극적으로 참여했습니다.

한국과 프랑스의 경제적 교류는 첨단 기술을 요구하는 제조업
에 집중되어 있습니다. 두 나라가 함께한 사업에는 대표적으로
원전 9호기와 10호기, 평택 LNG 생산 기지, 광양만 제2종합 제
철, 지하철역 자동화 사업, 아산만 조력 발전소 건설, 그리고 한
국형 테제베인 KTX 등이 있지요. 2006년 발사된 무궁화 위성
5호도 한불 합작의 결과입니다. 대중에게 잘 알려져 있지는 않지
만 한국과 프랑스는 군수 산업 분야에서도 긴밀하게 협력하고 있
습니다.

문화적인 면에서는 1968년에 체결한 한불 문화 협정을 이야기
할 수 있겠습니다. 이 협정을 계기로 프랑스는 서울에 프랑스 문
화원을 열었습니다. 경복궁 근처에 위치했던 프랑스 문화원은 프

랑스 영화와 샹송 등을 한국에 알리는 역할을 했습니다. 이 이국적인 문화 공간은 많은 대학생의 사랑을 받았습니다. 저도 대학시절 프랑스 영화를 보기 위해 이곳에 자주 들렀던 기억이 납니다. 한편 1980년, 유럽에서는 처음으로 파리에 한국 문화원이 문을 엽니다. 한국 문화원은 한글 등 한국 문화를 널리 알리고 있습니다. 최근에는 한류와 맞물려 한국 문화원을 찾는 프랑스인들이 부쩍 늘어났다고 합니다.

정치적 갈등,
문화재를 둘러싼 갈등

하지만 양국 관계가 항상 원만했다고 할 수는 없습니다. 1967년 동베를린 간첩 사건®이 대표적입니다. 이 사건은 독일과 프랑스에 거주하는 한국인 유학생과 교민 중 일부가 북한 대사관과 평양을 드나든 것이 문제가 된 사건입니다. 당시 한국의 군사 정권은 서독과 프랑스 등에서 관련자들을 납치하다시피 연행해 국제법을 어기는 등 외교 문제를 일으켰습니다. 또한 1968년 북한이 서유럽 국가 중에는 최초로 프랑스 파리에 민간 무역 대표부를 설치하는 등 한국과 프랑스는 정치적으로 불편한 관계를 유지하기도 했습니다.

문화재를 둘러싼 갈등도 빼놓을 수 없습니다. 병인양요 당시 프랑스군이 강화도에서 약탈해 간 조선 시대 외규장각 의궤 반환

● '동백림 사건'으로도 불리는 이 사건은 지금도 정치적 입장에 따라 해석이 다를 정도로 논란을 남겼다. 당시 일부 인사들이 북한 대사관과 북한을 드나든 것이 사실로 확인된 바 있다. 그러나 군사 정부가 용의자들을 강제 연행하고 고문하는 등 사건을 확대 조작했다는 점도 사실이다.

외규장각 의궤의 모습. 왼쪽부터 장렬왕후존숭도감의궤와 서궐영건도감의궤.(위)
장렬왕후국장도감의궤의 한 장면.(아래)

문제는 양국 간의 관계를 상당히 껄끄럽게 했습니다. 의궤란 국
왕, 왕비, 세자 등의 책봉, 왕실의 결혼, 능원 조성 및 이장 등 왕
실과 국가에서 거행한 주요 행사에 대한 사실을 그림과 기록으로

세세하게 남긴 왕실 의례집입니다. 준비 과정부터 의식의 절차 및 진행, 행사 유공자들에 대한 포상까지 빠짐없이 기록된, 조선 왕실 기록 문화의 정수라고 할 수 있지요.

두 나라의 입장 차이는 팽팽했습니다. 1992년 7월 우리 외무부가 프랑스 정부에 외규장각 의궤 반환을 요청했으나 프랑스 정부는 무력으로 빼앗은 문화재라 하더라도 프랑스 소유의 문화재가 되었기 때문에 조건 없이 되돌려 줄 수는 없다는 입장을 유지했습니다. 반면, 한국 학계는 외규장각 도서는 프랑스가 불법적으로 훔친 것이기 때문에 국제법상 소유권이 인정될 수 없다는 입장이었습니다.

의견 차이를 좁히지 못한 채 지루한 협상이 계속되다가 마침내 2010년 11월 서울에서 개최된 G20 정상 회의를 계기로 한국과 프랑스 양국 정상은 '5년 단위로 연장이 가능한 일괄 대여' 형식으로 외규장각 도서의 '실질적인 반환'에 합의했습니다. 이에 따라 1866년 병인양요 때 약탈된 외규장각 도서 297권이 4차례에 걸쳐 우리나라에 분산 반환되었습니다.

프랑스 내
한국인

양국 간의 교류가 활발해지면서 프랑스 내 한국인도 늘어나고 있습니다. 1958년 기준으로 프랑스에는 약 160명의 한국인이 있었는데, 그 가운데 120여 명이 유학생이었습니다. 소르본 대학에서 물리학 박사 학위를 받고 낭트 대학 교수가 된 민선식, 프랑스에서 최초로 한국어 강의를 시작한 역사학자이자 파리 7대학 교수였던 이옥, 파리 사회과학고등연구원 교수였던 정성배 등이 이 당시 학위를 마쳤거나 공부를 하던 세대입니다.

그 후 1960년대 초에는 프랑스에서 외규장각 의궤를 발견하고 반환을 위해 노력했던 박병선 프랑스 국립 도서관 사서 등이 유학했고, 1960년대 후반부터 프랑스 정부 장학금을 통하여 매년 10~15명의 한국인이 프랑스로 유학을 떠났습니다.

1970년대 한국과 프랑스가 본격적으로 경제 협력을 시작하면서 한국의 공공 기관, 기업, 은행 등이 파리에 본격적으로 진출했습니다. 2017년 현재는 영주권을 가진 교민이 약 3,000명, 기업 등의 주재원이 약 4,500명, 그리고 유학생이 약 7,500명으로 추산됩니다. 지금도 유학생의 비중이 대략 50% 정도로 높은 편입니다.

달라진
한국의 위상

1990년대 이후 교류가 늘어나면서 프랑스 내 한국의 위상도 높아지고 있습니다. 프랑스 대학에서 한국학을 연구하는 한국인 교수가 10여 명, 한국학을 가르치는 프랑스인 교수가

20명 가까이 됩니다. 2011년 기준으로 프랑스 대학의 학사 과정에서 한국학을 전공하거나 한국어를 제3외국어로 선택해 배우는 학생은 약 1,200명 정도입니다. 이는 일본어 수강자와 거의 비슷한 수준입니다. 2011년에는 처음으로 보르도의 마장디 고등학교에 정식 한국어 강좌가 개설되었고, 파리의 한 고등학교에는 바칼로레아 한국어 준비반이 개설되어 약 60여 명의 학생이 수강할 정도입니다. 이는 케이팝 등 한류의 영향과도 무관하지 않을 것입니다.

2016년 6월 초 반가운 이야기를 들었습니다. 파리 국제대학촌 내 한국관이 건립된다는 소식이었습니다. 파리 국제대학촌은 1차 세계 대전 직후에 세워졌습니다. 젊은이들의 교류를 통해 전쟁의 상처를 치유하고 평화적인 미래를 만들겠다는 의도였습니다. 파리를 방문하는 유학생과 연구자들은 국제대학촌에 머물면서 서로 다른 문화를 배우고 이해할 수 있는 기회를 가졌습니다. 국제대학촌에는 유럽 국가뿐 아니라, 인도, 캄보디아, 이란, 아르메니아 등 다양한 나라의 기숙사가 있지만, 한국관이 없었기에 저를 포함한 많은 한국 유학생이 아쉬움을 느꼈습니다. 제게도 한국관이 생겼으면 하는 기대가 있었던 것이 사실입니다.

국제대학촌에는 1969년 들어선 인도관을 끝으로 새로운 국가관이 없는 상황이었습니다. 그런데 프랑스 정부가 한국, 중국, 알제리에 새로이 국가관 건설을 제안한 것입니다. 프랑스가 생각하는 대한민국의 위상이 그만큼 많이 올라갔다는 점을 느끼게 해주는 대목입니다. 비록 거리는 멀지만, 한국과 프랑스, 프랑스와 한국이 서로 힘을 합쳐 미래를 함께 개척해 나가는 동반자가 되기를 기원합니다.

● 프랑스로 입양된 한국인들은 어떻게 살고 있나요?

한국 전쟁이 끝난 1953년부터 2010년까지 한국이 해외에 보낸 입양아 수는 16만여 명에 달합니다. 프랑스에는 1969년 2명을 시작으로 2010년까지 약 1만 명이 입양되었습니다. 짐작건대 이들 대부분은 사회적으로 성공한 삶을 살고 있지는 못할 것입니다. 극히 예외적으로 성공한 이들이 언론을 통해 밝혀질 뿐이지요.

최근 한국에 방문한 프랑스의 장관 2명이 입양아 출신이어서 화제가 되었지요. 1명은 플뢰르 펠르랭Fleur Pellerin 전 프랑스 문화부 장관이고, 다른 1명은 장뱅상 플라세Jean-Vincent Placé 전 국가개혁부 장관입니다. 펠르랭 장관은 아시아계로는 처음으로 프랑스의 장관직에 오른 인물이기도 합니다. 물론 그는 프랑스인입니다. 그 자신도 스스로 프랑스인으로 생각하고 있습니다. 이런 생각은 플라세 장관도 마찬가지일 것입니다. 펠르랭 장관은 한국 언론과의 인터뷰에서 "나는 100% 프랑스인입니다."라고 말하기도 했지요. 한국인들에게는 이 말이 섭섭하게 느껴질지 모르겠네요. 하지만 프랑스는 '출신지, 인종, 종교에 따른 구분 없이 누구나 프랑스인이 될 수 있다.'라는 정체성 교육을 시키고 있습니다. 따라서 펠르랭 장관의 태도는 아주 당연하고 자연스러운 것이지요. 한편 펠르랭은 이런 말도 남겼습니다. "개인적 이념 때문에 한불 관계에 당연히 도움을 줄 수밖에 없는 사람이라고 생각한다."

● 프랑스 문화원은 어떤 곳인가요?

서울 도심의 '작은 프랑스'라고 불리는 주한 프랑스 문화원은 한국에서 가장 오래된 외국 문화원입니다. 1968년 문을 열 당시에는 경복궁 근처의 삼청동 가는 길에 있었는데, 현재는 남대문과 서울역 사이에 있는 한 고층 빌딩의 18층에 자리 잡고 있습니다. 1970~80년대 대학 시절을 보낸 이들은 프랑스 문화원을 서유럽의 자유분방한 문화를 느낄 수 있었던 장소로 기억할 것입니다. 프랑스 문화원에 가면 샹송과 프랑스 문학, 그리고 프랑스 영화를 만날 수 있었습니다. 홍상수를 비롯한 훗날의 많은 영화감독이 이곳을 거쳐 갔다고 하지요. 이 당시 프랑스 문화원은 암울한 시절을 살아가는 젊은이들에게 해방감을 느끼게 해 준 유일한 공간이 아니었나 싶습니다. 저도 대학 시절 프랑스 문화원 지하에 위치한 영화관에서 영어 자막에 의존한 채 알아듣지 못하는 프랑스 영화를 여러 편 보았던 기억이 있습니다.

2001년 지금의 건물로 이전한 프랑스 문화원은 여전히 프랑스의 다양한 문화를 소개하고 있습니다. 문화원 내 위치한 미디어 도서관에서는 프랑스 원서와 영화, 다큐멘터리, 만화, 오디오, 정기 간행물 등을 무료로 이용할 수 있습니다. 프랑스 학자나 작가들이 쓴 한국에 관한 책, 한국 작품의 프랑스 번역본 등도 만나 볼 수 있습니다. 프랑스어를 공부하는 사람들에게는 10년 넘게 이어지고 있는 독서 클럽을 추천합니다.

프랑스 유학을 생각하고 있다면 캉퓌스 프랑스를 통해 도움을 받을 수 있을 겁니다. 캉퓌스 프랑스는 프랑스의 캠퍼스라는 의미입니다. 프랑스의 대학 및 그랑제콜에 관한 다양한 정보를 이곳에서 접할 수 있습니다. 가벼운 마음으로 프랑스 문화를 체험하고 싶다면 카페 데자르에서 프랑스식 정통 요리를 맛보거나, 에스프레소 한 잔을 마시며 한국 속의 프랑스를 느껴 보기 바랍니다.

이미지 출처·도판 정보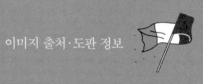

이미지 출처

267면   Marianne Casamance (commons.wikimedia.org)

269면   Pierre Andre Leclercq (commons.wikimedia.org)

287면   Jean-Pierre Dalbéra (flickr.com)

292면   Dcollard (commons.wikimedia.org)

18, 42, 151, 242, 321면   ⓒ연합뉴스

도판 정보

이만큼 가까운 프랑스

초판 1쇄 발행 • 2017년 9월 22일
초판 3쇄 발행 • 2023년 2월 8일

지은이 • 박단
펴낸이 • 강일우
책임편집 • 이현선 정소영
조판 • 박아경
펴낸곳 • (주)창비
등록 • 1986년 8월 5일 제85호
주소 • 10881 경기도 파주시 회동길 184
전화 • 031-955-3333
팩시밀리 • 영업 031-955-3399 편집 031-955-3400
홈페이지 • www.changbi.com
전자우편 • ya@changbi.com

ⓒ 박단 2017
ISBN 978-89-364-5864-5 04920
ISBN 978-89-364-5975-8 (세트)